전창림

한양대학교 화학공학과와 동 대학원 산업공학과를 졸업한 뒤 프랑스 파리 국립대학교에서 고분자화학으로 박사 학위를 받았다. 결정구조의 아름다움에 매료되어 파리 시립대학교에서 액정을 연구하다 '해외 과학자 유치계획'에 선정되어 귀국한 뒤 한국화학연구원에서 선임연구원으로 근무했다. 홍익대학교 바이오화학공학과 교수로 재직해 공과대학에서는 고분자화학을, 미술대학에서는 미술재료학을 가르쳤다.

프랑스 유학 당시 실험실과 미술관을 오가며 어린 시절 화가의 꿈을 달랜 저자의 연구 분야는 미술에서의 화학 문제, 즉 물감과 안료의 변화, 색채의 성질이다. 틈틈이 미술과 화학, 예술과 과학의 융합을 주제로 강의하고 글을 써오다, 『미술관에 간 화학자』를 집필해 베스트셀러가 되면서 큰 주목을 받았다.

저자가 학자로서의 삶 못지않게 중요하게 여기는 것은, 신앙인으로서의 삶이다. 저자는 영성을 위해 성경만 읽는 데 그치지 않고, 거장들이 남긴 수많은 성화를 감상하며 기도했다. 저자는 오랜 세월 성화를 통해 묵상하면서 성화 그 자체가 성경 구절임을 깨달았다. 십여 년 전부터 교회에서 '명화로 여는 성경'을 주제로 강의와 글쓰기를 해온 저자는, 그 작은 결실로 이 책을 펴냈다.

지은 책으로 『미술관에 간 화학자』 『미술관에 간 화학자:두 번째 이야기』 『생활은 화학이다』 『마담 라부아지에 뭘 사실인가요』 『그리기 전에 알아야 할 미술재료』 『첨단과학의 신소재』 『통권복음서』가 있고, 옮긴 책으로 『누구나 화학』 『색의 비밀』 『아크릴』 『1001가지 성경』 『파노라마 성경 핸드북』 등이 있다.

| 일러두기 |

- 본문의 성경은 대한성서공회 개역개정판을 수록했다.
- 미술작품은 〈 〉로, 단행본 저작은 『 』로 묶었다.
- 외래명의 한글 표기는 원칙적으로 외래어 표기법에 따랐다.
- 미술 작품의 크기는 세로×가로로 표기했다.

명화로 여는 성경

삶을 다독이는 한 줄의 말씀, 한 점의 명화

묵상을 이끄는
말씀 같은 그림

감동스러운 영화 한 장면, 열정 어린 권사님의 기도, 따뜻한 목사님의 미소가 긴 설교보다 더 한 은혜와 깨달음과 위로가 되는 때가 있습니다. 사진 한 장, 그림 한 장이 몇 시간에 걸친 독서나 강의보다 더 한 감동과 깨달음을 선사하기도 합니다. 가끔은 긴 산문보다 한 마디 시가 더 긴 묵상을 이끌어 내기도 합니다.

중세 유럽에서 대중은 라틴어로 된 성경을 읽을 수 없었습니다. 그래서 화가들을 시켜 성경 말씀과 주님의 가르침을 그림으로 그려 성경을 읽는 것을 대신하였습니다. 오래되고 규모가 큰 성당들은 많은 창과 벽을 스테인드글라스와 벽화로 장식하였는데, 성당 자체가 한 권의 성경이 되어 성당 안에 들어서는 신도들에게 큰 감동을 주었습니다. 많은 화가들은 성당의 주문을 받아 성직자들이 원하는 그림을 그려 준 경우도 있지만, 가끔은 화가 자신이 깊은 영성과 기도를 통해 마치 한 편의 설교 같은 명화를 남기기도 했습니다. 우리는 지금 그런 순간들을 맛보려고 합니다.

예수님의 비유에 나오는 〈탕자의 귀향〉은 많은 화가들이 그린 주제입니다. 하지만 렘브란트의 〈탕자의 귀향〉은 매우 특별합니다. 호화스럽게 부귀영화를 누리며 방탕하게 살던 렘브란트가 두 아들, 두 딸, 두 아내를 모두 죽음으로 잃고, 재산도 탕진하고, 세상 사람들의 관심에서도 멀어져 홀로 비참한 말년을 보내면서 그린 그림이 〈탕자의 귀향〉입니다. 그래서 이 그림에는 탕자처럼 살던 작은 아들의 후회도, 자신의 의를 믿던 큰 아들의 의문도, 자식들이 모두 죽는 것을 지켜봐야 했던 아버지의 회환도 함께 서려 있습니다.

'선한 목자'라는 아이콘은 구약과 신약에 모두 나오는 여호와와 예수님의 공통된 모습이어서 많은 화가들이 이를 그렸지만 크라나흐의 〈선한 목자〉는 정말 특별합니다. 대부분의 화가들이 사랑과 위엄의 주님이 깨끗한 모습으로 양을 어깨에 둘러멘 모습으로 그렸지만, 크라나흐는 다 헤지고 헤진 속옷 한 장만 겨우 걸친 상처투성이의 목자를 그렸습니다.

한 마리 잃은 양을 찾기 위해 산 넘고 물 건너 온갖 위험 끝에 늑대도 만났을 것입니다. 우리는 그 그림 앞에서 가슴이 먹먹해지는 주님의 사랑을 느끼지 않을 수 없습니다.

수르바란이 그린 〈양〉은 '희생'의 의미를 되새기게 하는 걸작입니다. 꼼짝 못하게 묶여 곧 도살될 어린 양의 평온한 표정은 가히 충격적입니다. 수르바란은 대속제물로서의 예수님을 표현하기 위해 발을 묶어 실제 제단에 올려놓은 어린 양 한 마리를 그렸습니다. 검은 배경에 대비되는 하얀 색 어린 양은 예수님의 죄 없음을 방증합니다. 형벌을 받아 마땅한 우리의 허물 때문에(시 53:8) 예수님은 보배로운 피(벧전 1:19)를 쏟으실 것입니다. 이 그림은 구약과 신약을 꿰뚫는 예수님의 표상입니다.

이 책은 단순히 성경의 장면을 그린 명화 모음이 아닙니다. 명화 감상과 미술사 지식은 부차적으로 주어지는 덤입니다. 성경의 순서대로 엮어서 이대로 하나의 성경이고 설교이며 기도입니다. 한 장 한 장 그림들은 우리의 기도와 묵상을 도와줄 것이고 깨달음으로 인도해 줄 것입니다.

그가 찔림은 우리의 허물 때문이요

그가 상함은 우리의 죄악 때문이라

그가 징계를 받으므로 우리는 평화를 누리고

그가 채찍에 맞으므로 우리는 나음을 받았도다

우리는 다 양 같아서 그릇 행하여 각기 제 길로 갔거늘

여호와께서는 우리 모두의 죄악을 그에게 담당시키셨도다

그가 곤욕을 당하여 괴로울 때에도 그의 입을 열지 아니하였음이여

마치 도수장으로 끌려가는 어린 양과 털 깎는 자 앞에서

잠잠한 양 같이 그의 입을 열지 아니하였도다.

[이사야 53:5-7]

007

Chapter 1 : 구약

- 묵상을 이끄는 말씀 같은 그림 | 머리글 | ⋯⋯⋯⋯⋯⋯⋯⋯⋯ 004
- 천지창조 히에로니무스 보스 ⋯⋯⋯⋯⋯⋯⋯⋯⋯⋯⋯⋯⋯⋯⋯ 018
- 아담의 창조 미켈란젤로 부오나로티 ⋯⋯⋯⋯⋯⋯⋯⋯⋯⋯⋯ 024
- 에덴동산에서의 추방 마사초 ⋯⋯⋯⋯⋯⋯⋯⋯⋯⋯⋯⋯⋯⋯ 030
- 가인과 아벨 베첼리오 티치아노 ⋯⋯⋯⋯⋯⋯⋯⋯⋯⋯⋯⋯⋯ 034
- 노아의 방주 에드워드 힉스 ⋯⋯⋯⋯⋯⋯⋯⋯⋯⋯⋯⋯⋯⋯⋯ 038
- 바벨탑 대 피터 브뢰헬 ⋯⋯⋯⋯⋯⋯⋯⋯⋯⋯⋯⋯⋯⋯⋯⋯⋯ 042

- 욥 조르주 드 라 투르 046
- 소돔의 멸망 존 마틴 050
- 이삭의 희생 로렌조 기베르티 054
- 장자권을 파는 에서 헨드릭 테르 브루겐 060
- 야곱의 사다리 도메니코 페티 064
- 형제를 만난 요셉 페터 폰 코르넬리우스 068

- 불타는 떨기나무와 모세 도메니코 페티 ⋯⋯⋯⋯⋯⋯⋯⋯⋯⋯ 072
- 홍해를 건너다 코시모 로셀리 ⋯⋯⋯⋯⋯⋯⋯⋯⋯⋯⋯⋯⋯⋯ 076
- 십계명판을 깨는 모세 렘브란트 ⋯⋯⋯⋯⋯⋯⋯⋯⋯⋯⋯⋯⋯ 080
- 가나안의 정탐 지오반니 란프란코 ⋯⋯⋯⋯⋯⋯⋯⋯⋯⋯⋯⋯ 084
- 모세의 놋뱀 틴토레토 ⋯⋯⋯⋯⋯⋯⋯⋯⋯⋯⋯⋯⋯⋯⋯⋯⋯ 088
- 여리고 제임스 티소 ⋯⋯⋯⋯⋯⋯⋯⋯⋯⋯⋯⋯⋯⋯⋯⋯⋯⋯ 092
- 소년 사무엘의 기도 조슈아 레이놀즈 경 ⋯⋯⋯⋯⋯⋯⋯⋯⋯⋯ 096

- 다윗과 골리앗 베첼리오 티치아노 100
- 다윗과 우리아 렘브란트 104
- 솔로몬의 재판 발렌틴 드 불로뉴 108
- 에스더 조반니 안드레아 시라니 112
- 엘리야와 엘리사 주세페 안젤리 116
- 다니엘 마티아 프레티 120
- 요나 미켈란젤로 부오나로티 124

Chapter 2 : 신약

- 수태고지 프라 안젤리코 ··· 132

- 동방박사의 경배 지오토 디 본도네 ··· 136

- 소년 예수 두초 디 부오닌세냐 ··· 140

- 세례 요한 니콜라 푸생 ··· 144

- 그리스도의 세례 안드레아 델 베로키오 ································· 148

- 유혹 받는 예수님 후안 데 플란데스 ······································· 152

● 제자를 부르심 도메니코 기를란다요 ⋯⋯⋯⋯⋯⋯⋯⋯⋯ 156

● 사마리아 여인 게르치노 ⋯⋯⋯⋯⋯⋯⋯⋯⋯⋯⋯⋯ 160

● 산상수훈 프라 안젤리코 ⋯⋯⋯⋯⋯⋯⋯⋯⋯⋯⋯⋯⋯ 164

● 백부장의 믿음 베로네세 ⋯⋯⋯⋯⋯⋯⋯⋯⋯⋯⋯⋯ 168

● 가나안 여인 안니발레 카라치 ⋯⋯⋯⋯⋯⋯⋯⋯⋯⋯⋯ 172

● 마르다와 마리아 디에고 벨라스케스 ⋯⋯⋯⋯⋯⋯⋯⋯⋯ 176

● 선한 목자 대 루카스 크라나흐 ································· 180

● 돌아온 탕자 렘브란트 ··· 184

● 나사로의 부활 지오토 디 본도네 ························· 190

● 최후의 만찬 레오나르도 다빈치 ··························· 194

● 겟세마네의 기도 알브레히트 알트도르퍼 ············ 198

● 유다의 키스 지오토 디 본도네 ···························· 202

● 십자가의 예수님 조르주 앙리 루오 ····················· 206

● 십자가에서 내림 로히에르 반 데르 베이덴 ……………………… 210

● 피에타 미켈란젤로 부오나로티 …………………………………… 214

● 부활하시는 예수님 피에로 델라 프란체스카 ………………… 218

● 바울의 회심 카라바조 ……………………………………………… 222

● 의심하는 도마 카라바조 …………………………………………… 226

● 예수님의 승천 가로팔로 …………………………………………… 230

● 성령강림 조셉 이그나즈 밀도르퍼 ……………………………… 234

Chapter 1 : 구약

천지창조

태초에 하나님이 천지를 창조하시니라 땅이 혼돈하
고 공허하며 흑암이 깊음 위에 있고 하나님의 영은
수면 위에 운행하시니라 하나님이 이르시되 빛이
있으라 하시니 빛이 있었고 빛이 하나님이 보시기
에 좋았더라 하나님이 빛과 어둠을 나누사 하나님
이 빛을 낮이라 부르시고 어둠을 밤이라 부르시니
라 저녁이 되고 아침이 되니 이는 첫째 날이니라.

[창세기 1:1-4]

히에로니무스 보스, 〈천지창조〉, 1500, 패널에 유채, 220×195cm, 스페인 마드리드 프라도 미술관

둥근 구의 모양이 퍽 인상적인 이 그림은 3단 제단화의 겉판을 덮었을 때 나타나는 표지화다. 3단 제단화란, 중앙판 양쪽으로 경첩을 단 두 개의 판이 덮어지는 형태로, 두 개의 판을 펼치면 중앙에 큰 그림과 좌우 양쪽으로 그 절반 크기의 그림이 하나씩 연결된다. 과거 성당 제단을 장식하는데 사용되었다.

화가 히에로니무스 보스의 작품 중에는 3단 제단화라고 하는 형태의 작품들이 유독 많은데, 아마도 종교적 교훈을 담기에 적당했기 때문인 듯 싶다. 이 작품은 보스의 대표작 〈쾌락의 동산〉 제단화를 덮었을 때의 표지 그림이다. 경첩을 양쪽으로 펼치면 왼쪽 판과 오른쪽 판의 안쪽 그림이 나오고 가운데 전체 넓이의 중앙판 그림이 나온다. 왼쪽 판은 에덴동산, 중앙판은 쾌락의 동산, 오른쪽 판은 지옥이다.

이 그림은 천지창조 셋째 날의 광경이다. 이미 첫째 날과 둘째 날에 빛이 생겼고, 하늘의 궁창(창공)이 짙은 구름으로 표현되어 있으며, 둥근 구의 형태로 둘러싸고 있다. 평평한 지구는 이제 막 창조된 바다와 육지로 나뉘어져 형태를 갖추었고, 다양한 식물이 보인다. 하나님께서 에덴을 창조하셨는데, 인간들이 쾌락을 좇다가 지옥으로 가게 된다는 내용을 연속으로 보여주는 병풍 같은 그림이다.

보스가 이 그림을 그렸을 당시, 유럽은 흑사병과 자연재해, 전쟁 등으로 종말론이 횡행했다. 시대적 혼란을 틈타 마법사와 이단종교가 넘쳐났고, 마녀사냥 등의 유혈폭동도 빈번한 세기말적인 분위기였다. 보스는 성모형제회의 일원이었던 독실한 신자였다. 글을 모르는 대중에게 신앙의 경고를 알려주기 위해 이 그림을 그렸을 것이다.

가만히 생각해보면, 지금도 그 때와 별반 다르지 않다. 신앙을 지키기가 더 어려운 때이다. 우리에게는 하나님께서 창조해 주신 아름다운 지구를 에덴처럼 회복시켜야 할 의무가 있다. 그러려면 먼저 우리 마음을 더욱 깨끗이 하고, 서로를 이해하고 배려하며 사랑하는 삶의 자세를 갖춰야 할 것이다. 보스의 3단 제단화 중 지금 우리가 사는 세상은 어디에 속해 있을까? *Amen*

히에로니무스 보스 Hieronymus Bosch, 1450~1516

네덜란드 출생이란 사실과 본명이 제롬 반 아켄(Jerome van Aken)이라는 것 말고 그의 생애에 관하여 알려진 것은 매우 적다. 이름 보스도 그의 가족이 살던 지명 헤르토겐보스에서 따온 것으로 추측된다. 기괴한 세상을 묘사하는 데 탁월했던 그는, 후대 초현실주의 화가들에게 큰 영향을 끼쳤다. 3단 제단화 〈천지창조〉 안에 담긴 〈쾌락의 동산〉이 대표작으로 꼽힌다.

〈천지창조〉 펼침 : 히에로니무스 보스, 〈쾌락의 동산〉, 1500, 패널에 유채, 220×390cm, 스페인 마드리드 프라도 미술관

아담의 창조

하나님이 자기 형상 곧 하나님의 형상대로 사람을
창조하시되 남자와 여자를 창조하시고 하나님이 그
들에게 복을 주시며 하나님이 그들에게 이르시되
생육하고 번성하여 땅에 충만하라 땅을 정복하라
바다의 물고기와 하늘의 새와 땅에 움직이는 모든
생물을 다스리라 하시니라.
여호와 하나님이 땅의 흙으로 사람을 지으시고 생
기를 그 코에 불어넣으시니 사람이 생령이 되니라.

[창세기 1:27-28, 2:7]

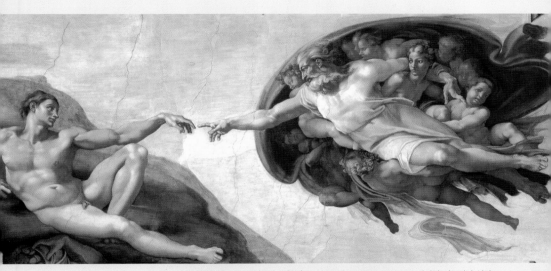

미켈란젤로 부오나로티, 〈아담의 창조〉, 1510, 프레스코, 280×570cm, 바티칸 시스티나 성당

이 그림 〈아담의 창조〉는 바티칸 시스티나 성당의 천정 프레스코화 〈천지창조〉의 한 부분이다. 교황 식스투스 4세가 이탈리아 최고의 예술가들인 보티첼리, 기를란다요, 디 코시모, 시뇨렐리, 페루지노 등을 불러 모아 성당 남쪽 벽에 〈모세의 생애〉를, 북쪽 벽에 〈예수님의 생애〉를 그리게 했다. 그리고 그로부터 얼마 뒤인 1508년 5월에 교황 율리우스 2세가 미켈란젤로를 시켜 천정벽화를 그리게 했다. 이어서 교황 바오로 3세는 다시 미켈란젤로로 하여금 성당의 서쪽 벽에 〈최후의 심판〉을 그려 넣게 하여 인류 최고의 유산을 완성시켰다. 〈천지창조〉에서 〈최후의 심판〉까지 천정과 벽면을 빼곡하게 채운 방 안은, 그 자체가 한 권의 성경이다.

하나님은 흙으로 아담을 지으시고 코에 생기를 불어넣어 생명체가 되게 하셨다(창세기 2:7). 이 내용은 수많은 예술가들에게 영감을 주어 많은 작품을 탄생시켰다. 그림을 자세히 보면, 생기를 전해 주시는 하나님의 손가락과 아담의 손가락은 닿지 않았다. 하나님의 엄청난 에너지가 손가락 사이가 떨어졌음에도 불구하고 아담의 몸으로 전해진 것이다.

그림 속 아담의 육체는 탄복할 정도로 완벽하고 훌륭하다. 전지전능한 하나님이 창조했기에 미켈란젤로는 완벽한 육체로 표현해야 했다. 그는 아담의 부드러우면서도 강인한 근육을 조화롭게 묘사했다. 고전적으로 가장 이상적인 육체를 표현한 것이다. 미켈란젤로는 약 4년 동안 천정을 향해 설치된 사다리 위에서 거의 살다시피 하며 불후의 명작 〈천지창조〉를 완성했다. 그런데 하나님은 그 모습을 본 자도 없고 볼 수도 없기 때문에(출애굽기 33:20) 그릴 수가 없다. 미켈란젤로는 하나님의 형상이 사람과 닮았다는 성경 말씀(창세기 1:27)에 의거하여, 하나님을 수염이 덥수룩한 건장한 남자로 표현했다.

그림을 살펴보면, 하나님과 아담의 자세가 대조적이다. 하나님은 앞으로 손을 뻗어 적극적이다. 하나님의 아담에 대한 애정이 느껴진다. 하지만, 아담의 자세는 마지못해 손을 내민 모습이다.

하나님은 늘 우리에게 손을 뻗어 우리와 사랑을 나누시려 하지만 우리는 미적거리고 마지못해 손을 뻗는다. *Amen*

미켈란젤로 부오나로티 Michelangelo di Lodovico Buonarroti Simoni, 1475~1564

이탈리아의 조각가이자 화가로, 대화가였던 기를란다요의 공방에 들어가 본격적으로 미술을 공부했다. 레오나르도 다빈치, 라파엘로와 함께 이탈리아 르네상스 미술의 3대 거장으로 꼽힌다. 화가보다는 조각가로 불리길 원했던 그는, 불멸의 역작 〈피에타〉와 〈다비드상〉 같은 조각작품을 남겼다.

미켈란젤로 부오나로티, 〈천지창조〉, 1510, 프레스코, 바티칸 시스티나 성당

에덴동산에서의 추방

여호와 하나님이 아담을 부르시며 그에게 이르시되 네가 어디 있느냐 이르되 내가 동산에서 하나님의 소리를 듣고 내가 벗었으므로 두려워하여 숨었나이다 이르시되 누가 너의 벗었음을 네게 알렸느냐 내가 네게 먹지 말라 명한 그 나무 열매를 네가 먹었느냐 아담이 이르되 하나님이 주셔서 나와 함께 있게 하신 여자 그가 그 나무 열매를 내게 주므로 내가 먹었나이다 여호와 하나님이 여자에게 이르시되 네가 어찌하여 이렇게 하였느냐 여자가 이르되 뱀이 나를 꾀므로 내가 먹었나이다.

[창세기 3:9-13]

마사초, 〈에덴동산에서의 추방〉, 1427, 프레스코, 208×88cm, 이탈리아 피렌체 산타 마리아 브란카치 대성당

화가 마사초는 본명이 토마소이지만, 피렌체의 예술가 단체에 가입할 당시 철없고 세상 물정에 어두운 그를 가리켜 사람들은 '어리숙하다'는 뜻인 마사초라 불렀다.

서양미술사에서는 마사초를 지오토와 함께 근대미술을 연 창시자로 기억한다. 마사초가 〈에덴동산에서의 추방〉을 그리기 전에는 누구도 이런 입체감을 표현하지 못했다. 몸통과 다리에 명암과 그늘을 지게 하여 원통형 물체의 입체감과 질량감을 표현하는 기법을 처음으로 구사한 것이다. 마사초는 스물일곱의 젊은 나이에 요절했지만 서양미술사에 기리 남을 업적을 남겼다.

그가 그린 이브의 몸매는 후대에 모든 화가들이 아름다운 여체를 표현할 때 사용하는 '비너스 푸디카' 자세의 원조가 되었다. 몸을 약간 옆으로 비틀고 한 손으론 가슴을, 다른 손으론 아래를 가린 S자 자세를 '비너스 푸디카'라고 한다.

우리도 죄를 회개할 때 이런 표정을 지을까? 하나님께 순종하지 않은 죄로 에덴동산에서 쫓겨나는 이브의 표정이 특히 침통하다. 내면으로부터 애통해하는 표정이다. 이 그림을 보고 있으면 알게 모르게 지은 죄가 다 떠오를 것만 같다. 수치심과 절망감을, 표정은 물론 온몸으로까지 나타내는 아담과 이브의 고통이 우리에게 그대로 전해진다.

마사초는 천국의 문에서 외치시는 하나님의 호통소리를 여러 개의 선으로 묘사했다. 하늘 위에서 칼을 들고 아담과 이브를 인도하는 천사의 표정이 무섭거나 엄하지 않고 따뜻한데, 오히려 이들을 지켜주는 듯하다. 비록 하나님은 아담과 이브를 에덴에서 쫓아내시지만 인간을 사랑하는 은혜로움이 그대로 느껴진다.

지금도 하나님은 우리가 죄를 지을 때마다 회개하라 하시면서 한편으론 내가 너와 함께 하리라는 위로하심을 잊지 않으신다. 하지만 우리는 좌절과 번민에 들 때마다 늘 위로받고 있음을 왜 깨닫지 못하는 걸까? *Amen*

마사초 Tommaso di Ser Giovanni di Simone, 1401~1428

이탈리아 피렌체 출신으로, 르네상스 시대를 연 위대한 화가로 꼽힌다. 긴 본명을 줄여 Masaccio Tommaso Cassai라고 부른다. 모델의 다양한 표정과 입체적인 표현을 위해 빛과 색을 활용해 그림의 사실성을 높였다. 그의 작품은 훗날 원근법의 발전에 기초를 이뤘으며, 레오나르도 다빈치와 미켈란젤로 같은 거장들에게 많은 영향을 끼쳤다. 대표작으로 〈성 삼위일체〉 〈성 모자〉 등이 있다.

가인과 아벨

그가 또 가인의 아우 아벨을 낳았는데 아벨은 양 치는 자였고 가인은 농사하는 자였더라 세월이 지난 후에 가인은 땅의 소산으로 제물을 삼아 여호와께 드렸고 아벨은 자기도 양의 첫 새끼와 그 기름으로 드렸더니 여호와께서 아벨과 그의 제물은 받으셨으나 가인과 그의 제물은 받지 아니하신지라 가인이 몹시 분하여 안색이 변하니 여호와께서 가인에게 이르시되 네가 분하여 함은 어찌 됨이며 안색이 변함은 어찌 됨이냐 네가 선을 행하면 어찌 낯을 들지 못하겠느냐 선을 행하지 아니하면 죄가 문에 엎드려 있느니라 죄가 너를 원하나 너는 죄를 다스릴지니라 가인이 그의 아우 아벨에게 말하고 그들이 들에 있을 때에 가인이 그의 아우 아벨을 쳐죽이니라 여호와께서 가인에게 이르시되 네 아우 아벨이 어디 있느냐 그가 이르되 내가 알지 못하나이다 내가 내 아우를 지키는 자니이까.

[창세기 4:2-9]

베첼리오 티치아노, 〈가인과 아벨〉, 1542~44, 캔버스에 유채, 298×282cm, 이탈리아 베네치아 산타 마리아 델라 살루트 성당

티치아노는 밑그림을 그리지 않고 직접 화면 위에서 그림을 완성했다고 알려져 있다. 그만큼 그림에 자신이 있었다. 후대 화가들에게 엄청난 영향을 준 그의 대표작 〈우르비노의 비너스〉는 그의 천재성을 방증한다.

〈가인과 아벨〉은 티치아노가 산토 스피리토 성당 천정화로 그린 〈이삭의 제물〉 〈다윗과 골리앗〉과 함께 3부작을 이룬다. 고전적인 균형미보다 주관적인 감정 표현을 잘 나타낸 걸작이다. 인물들의 뒤틀린 자세와 제단에서 피어오른 검은 연기가 만든 급박한 나선형 구도에서 가인의 아벨을 향한 질투심과 그에 대한 하나님의 분노를 느낄 수 있다.

아담과 이브에게는 두 아들이 있었다. 가인은 농부며 아벨은 목동이다. 두 형제는 각자 하나님께 예물을 드렸는데 하나님은 아벨의 예물은 받으시고 가인의 예물은 받지 않으셨다. 질투심이 생긴 가인은 아벨을 죽였다. 그런데 왜 하나님은 가인의 제사를 받지 않으셨을까? 하나님은 채식보다 육식을 좋아하셔서? 피의 제사를 드려야 하기 때문에? 그러나 성경을 보면 제물의 종류가 문제는 아닌 것 같다(히브리 11:4). 바로 다음 구절을 보면 가인이 죄를 일삼는 생활을 하였음을 알 수 있다.

"네가 선을 행하면 어찌 낯을 들지 못하겠느냐 선을 행하지 아니하면

죄가 문에 엎드려 있느니라"(창세기 4:7). 가인과 달리 아벨은 믿음으로 하나님께 제사를 드렸다(히브리 11:4).

우리는 늘 죄의 유혹을 받는다. 죄를 다스리지 못하고 죄의 노예가 되면 우리가 하나님께 아무리 좋은 예물을 드려도 결국 가인이 될 것이다. 여기서 말하는 죄는 살인이나 폭행처럼 눈에 보이는 행위만을 의미하지 않는다. 가인과 같이 살인만 범하지 않으면 하나님 앞에서 떳떳한 사람이라 할 수 있을까? 우리는 늘 "내가 남의 고통까지 끌어안아야 합니까?" "마음이 약하여 실족하기 쉬운 자들을 내가 왜 돌봐야 합니까?"라는 생각을 하며 산다. 그런 우리에게 하나님은 이렇게 말씀하신다.

"너희는 가서 내가 긍휼을 원하고 제사를 원하지
아니하노라 하신 뜻이 무엇인지 배우라." *Amen*

[마태 9:13]

베첼리오 티치아노 Vecellio Tiziano, 1490~1576

르네상스 시대에 활동했던 이탈리아 베네치아파의 화가로, 초상화와 종교화, 신화화에 모두 능통하여 황제와 교황의 공식 화가로 활약하기도 했다. 조반니 벨리니의 공방에 들어가 수학하며 조르조네를 만났는데 둘의 화풍이 비슷하다. 대표작 〈성모승천〉은 뛰어난 색채 사용으로 유명하다.

노아의 방주

내가 홍수를 땅에 일으켜 무릇 생명의 기운이 있는
모든 육체를 천하에서 멸절하리니 땅에 있는 것들
이 다 죽으리라 그러나 너와는 내가 내 언약을 세우
리니 너는 네 아들들과 네 아내와 네 며느리들과 함
께 그 방주로 들어가고 혈육 있는 모든 생물을 너는
각기 암수 한 쌍씩 방주로 이끌어들여 너와 함께 생
명을 보존하게 하되 새가 그 종류대로 가축이 그 종
류대로 땅에 기는 모든 것이 그 종류대로 각기 둘씩
네게로 나아오리니 그 생명을 보존하게 하라.

[창세기 6:17-20]

에드워드 힉스, 〈노아의 방주〉, 1846, 캔버스에 유채, 67×77cm, 미국 필라델피아 미술관

'선(船)'자를 보면 배 주(舟)자에 여덟(八) 사람(口)이 타고 있는 형상으로 큰 배를 뜻한다. 이 여덟 명은 노아의 방주에 탄 사람 수이다. 어떻게 중국 한자에 노아의 방주 이야기가 들어가게 되었는지 신기하지만, 성경의 창세기 6-9장에 기록된 전 세계에 걸친 대홍수 사건을 고대 중국인도 알고 그런 글자를 만들지 않았을까?

대홍수와 노아의 방주 이야기는 오래 전부터 화가들의 영감을 자극하여 많은 작품들을 탄생시켰다. 그 가운데 1846년에 에드워드 힉스라는 미국 화가가 그린 이 그림이 특히 우리에게 친숙하다.

에드워드 힉스가 그린 노아의 방주는 교회를 상징한다. 온갖 동물들은 그대로 다양한 인종과 인간들을 상징한다. 그리고 구원 받는 길은 방주로 들어가는 길, 오직 그 길뿐이다. 하지만 노아의 방주는 따뜻한 은혜만은 아니다. 세상의 죄악 속에 사는 우리에게 하나님이 보내시는 마지막 심판의 경고 메시지다. *Amen*

"노아의 때에 된 것과 같이 인자의 때에도 그러하리라. 노아가 방주에 들어가던 날까지 사람들이 먹고 마시고 장가들고 시집가더니 …… 홍수가 나서 저희를 다 멸하기까지 깨닫지 못하였으니 인자의 임함도 이와 같으리라"

[눅 17:26, 27, 30]

에드워드 힉스, 〈평화의 왕국〉, 1826, 캔버스에 유채, 83×105cm, 미국 워싱턴 DC 미술관

에드워드 힉스 Edward Hicks, 1780~1849

퀘이커 교도이기도 한 그는 원래 동네 간판장이 화가이자 설교자였다. 힉스는 성경의 내용을 그리면 서 화가로서의 경력을 쌓아갔는데, 화가로서 궁극의 목적은 하나님의 은혜와 퀘이커 교리를 그림으로 그려 전파하는 것이었다. 힉스의 그림에서는 사자와 양이 평화롭게 어울리는 장면이 자주 등장하는데, 모두 그의 구원관을 표현한 것이다. 그의 또 다른 대표작 〈평화의 왕국〉은 구약 이사야서의 예언(11장)을 소재로 삼아 그린 것이다.

바벨탑

또 말하되 자 성읍과 탑을 건설하여 그 탑 꼭대기를 하늘에 닿게 하여 우리 이름을 내고 온 지면에 흩어짐을 면하자 하였더니 여호와께서 사람들이 건설하는 그 성읍과 탑을 보려고 내려오셨더라 여호와께서 이르시되 이 무리가 한 족속이요 언어도 하나이므로 이같이 시작하였으니 이 후로는 그 하고자 하는 일을 막을 수 없으리로다 자 우리가 내려가서 거기서 그들의 언어를 혼잡하게 하여 그들이 서로 알아듣지 못하게 하자 하시고 여호와께서 거기서 그들을 온 지면에 흩으셨으므로 그들이 그 도시를 건설하기를 그쳤더라 그러므로 그 이름을 바벨이라 하니 이는 여호와께서 거기서 온 땅의 언어를 혼잡하게 하셨음이니라 여호와께서 거기서 그들을 온 지면에 흩으셨더라.

[창세기 11:4-9]

피터 브뢰헐, 〈바벨탑〉, 1563, 패널에 유채, 114×155cm, 오스트리아 비엔나 미술사 박물관

브뢰헬은 하늘에 닿는 높은 탑을 건축하는 방법으로 그림 속 바벨탑과 같은 나선형 모양을 상상했다. 그는 BC 2000년경에 건설된 것으로 알려진 우르에 있는 지구라트의 모양과 9세기경에 지어진 사마라의 지구라트를 참조했을 것이다. 성경의 묘사와 같이 실제 우르의 지구라트도 진흙 벽돌로 지어졌는데, 그 윗부분은 완전히 파괴되었다. 하지만 바닥 한 변의 크기가 64m로, 그 웅장함을 짐작할 수 있게 한다.

그림의 화면 왼쪽 아래에는 바벨탑 축조를 이끌었던 하나님의 대적자 바빌론의 니므롯이 그의 발 앞에 무릎 꿇은 석공들에게 임금을 지불하고 있다(창세기 11:1-9).

메소포타미아의 수메르인, 바빌로니아인, 아시리아인이 지은 것으로 추정되는 지구라트.

하나님이 바벨탑을 파괴하신 뒤 사람들은 모두 다른 언어를 사용하여 소통이 불가능하게 되었다고 한다. 신심이 깊은 브뢰헬은, 사람들이 하나님을 멀리하고 오로지 물질에만 끌려 높이 오르려고만 하는 교만함을 이 그림에서 묘사했다.

브뢰헬이 그린 〈바벨탑〉을 가만히 보고 있으면, 과학과 인간의 지식이 아무리 대단하고 높다한들 교만에 빠지면 하나님의 축복을 받지 못하고 멸망하고 만다는 교훈을 다시 한 번 성찰하게 된다. *Amen*

"교만은 패망의 선봉이요,

거만한 마음은 넘어짐의 앞잡이니라."

[잠언 16:18]

대 피터 브뢰헬 Pieter Brueghel, the Elder, 1525~1569

벨기에의 화가 브뢰헬은 소박한 시골 농부의 삶을 주로 그렸는데, 후대의 화가들에게 풍속화와 속담화로 많은 영향을 끼쳤다. '브뢰헬'이라는 이름은 그가 태어난 도시의 이름이기도 하다. 서양미술사를 살펴보면 브뢰헬이라는 이름이 꽤 여러 번 등장하는 데, 대부분 한 가문 출신 화가들이다. 이 그림 〈바벨탑〉을 그린 브뢰헬은 가문의 시조로서, 이름 피터에 '대(大, 영어로는 the Elder)'가 붙는다. 그의 자손 가운데 여럿이 화가로 활동하며 미술사에 큰 족적을 남겼다.

욥

사탄이 여호와께 대답하여 이르되 욥이 어찌 까닭 없이 하나님을 경외하리이까 주께서 그와 그의 집과 그의 모든 소유물을 울타리로 두르심 때문이 아니니이까. 주께서 그의 손으로 하는 바를 복되게 하사 그의 소유물이 땅에 넘치게 하셨음이니이다 이제 주의 손을 펴서 그의 모든 소유물을 치소서 그리하시면 틀림없이 주를 향하여 욕하지 않겠나이까.

욥이 일어나 겉옷을 찢고 머리털을 밀고 땅에 엎드려 예배하며 이르되 내가 모태에서 알몸으로 나왔사온즉 또한 알몸이 그리로 돌아올지라 주신 이도 여호와시오 거두신 이도 여호와시오니 여호와의 이름이 찬송을 받을지니이다 하고 이 모든 일에 욥이 범죄하지 아니하고 하나님을 향하여 원망하지 아니하니라.

[욥 1:9-11, 20-22]

조르주 드 라 투르, 〈아내에게 조롱받는 욥〉, 1630, 캔버스에 유채, 145×97cm, 프랑스 에피날 미술관

사랑의 하나님이 계신데 왜 우리에겐 고통과 고난이 끊이지 않는가라는 물음은 신앙이 있는 사람이든 그렇지 않은 사람이든 누구에게나 풀리지 않은 질문이다. 욥기는 신학적이면서도 철학적인 이 문제를 다룬다.

프랑스 화가 조르주 드 라 투르는 욥기의 대부분을 차지하는 세 친구와 엘리후와의 지난한 변론보다 아내와의 짧은 대화의 순간을 신비스럽고 정적인 구도로 묘사했다. 욥의 고난을 그린 라 투르는 욥과 하나님 사이의 긴장감을 극대화시켜 우리가 깊은 묵상에 들도록 한다. 이 그림에서 유일한 빛은 가물거리는 촛불 하나다. 그림 속 꺼져가는 촛불은 욥의 초라한 처지를 나타내는 듯하다.

의인(義人)인 욥은 왜소하고 보잘 것 없다. 그의 발치에는 상처를 긁던 깨진 질그릇 조각이 놓여 있다. 화면을 압도적으로 채우고 있는 것은 상대적으로 거대하고 견고한 아내의 모습이다. 아내는 화사하고 풍성한 붉은 옷을 입고 "이제 하나님을 욕하고 죽으라"며 욥을 조롱한다. 하지만, '왜 의인이 고통 받아야만 하는가?'라는 질문에 대한 답은 없다. 초기에 욥은 이미 이 질문에 대한 결론을 다음과 같이 내렸기 때문이다. "이 모든 일에 욥이 범죄하지 아니하고 하나님을 향하여 원망하지 아니하니라."(욥 1:22)

욥은 의인이지만 사람의 '의'가 하나님의 '의'를 넘어설 수는 없다. 욥이 다시 하나님의 인정과 축복으로 과거보다 훨씬 큰 축복을 받았다지만, 사실 욥이 받은 진짜 큰 축복은 고난의 과정을 통하여 하나님을 더 깊이 알게 된 것이다. *Amen*

"내가 주께 대하여 귀로 듣기만 하였사오나

이제는 눈으로 주를 뵈옵나이다"

[욥 42:5]

조르주 드 라 투르 Georges de La Tour, 1593~1652

17세기 프랑스 바로크 미술을 대표하는 화가로 꼽힌다. 제빵사의 아들로 태어났지만 신분을 뛰어넘어 귀족의 딸과 결혼했다. 그리고 파리에 진출해 루이 14세의 궁정화가로 발탁되는 등 성공의 길을 걸었다. 위선과 질투, 허세가 가득한 세상을 풍자하는 풍속화를 그렸고, 경건한 신앙심을 바탕으로 명상과 묵상을 상징하는 종교화에도 능했다. 라 투르는 카라바조의 영향을 받아 자신만의 독특한 부분조명 기법을 작품에 적용했다. 다른 화가들의 부분조명은 대개 화면 바깥에 광원을 배치한 것인데 반해, 라 투르는 화면 안에 광원을 두었다. 그의 작품은 촛불을 이용해 그림 속 대상이 화면 밖으로 튀어나올 것 같은 사실감을 보여준다. 그래서 그를 가리켜 '촛불의 화가'라고 부른다. 대표작으로 〈등불 앞의 막달라 마리아〉가 있다.

조르주 드 라 투르, 〈등불 앞의 막달라 마리아〉, 1642, 캔버스에 유채, 128×94cm, 프랑스 파리 루브르 박물관

소돔의 멸망

여호와께서 이르시되 내가 만일 소돔 성읍 가운데에서 의인 오십 명을 찾으면 그들을 위하여 온 지역을 용서하리라.

아브라함이 또 이르되 주는 노하지 마옵소서 내가 이번만 더 아뢰리이다 거기서 십 명을 찾으시면 어찌 하려 하시나이까 이르시되 내가 십 명으로 말미암아 멸하지 아니하리라.

여호와께서 하늘 곧 여호와께로부터 유황과 불을 소돔과 고모라에 비같이 내리사 그 성들과 온 들과 성에 거주하는 모든 백성과 땅에 난 것을 다 엎어 멸하셨더라 롯의 아내는 뒤를 돌아보았으므로 소금 기둥이 되었더라.

[창세기 18:26, 32, 19:24-26]

존 마틴, 〈소돔과 고모라〉, 1853, 캔버스에 유채, 136.3×212.3cm, 영국 타인 캐슬 랭 미술관

아브라함과 롯이 가나안에 정착해 살아갈 땅을 정할 때, 롯은 소돔 사람들이 악한 것을 생각지 아니하고 물이 넉넉한 것만 보고 소돔땅을 선택했다. 그런데 소돔 사람들의 악한 행실이 극에 달하자 하나님께서는 소돔을 멸하려 하셨다. 아브라함은 사랑하는 조카 롯을 살리려고 하나님께 부탁했다. 아브라함이 하나님께, "소돔에 의로운 사람이 50명이 있어도 그곳을 의인과 함께 멸하시겠습니까?"라고 물었다. 아브라함의 물음에 하나님은 의인이 50명이 있으면 멸하지 않겠노라고 하셨다. 그러자 아브라함은 하나님께 소돔에 의인의 수가 50명이 아니라 단 10명만 존재한다고 해도 멸하지 말아달라고 부탁드린다. 하나님은 그렇게 하겠노라고 아브라함의 부탁을 받아들이신다. 하지만 소돔에 의인이 단 10명도 없어 하나님은 소돔을 멸하신다.

'소돔과 고모라'와 같이 극적인 장면을 화가들이 놓칠 리 없다. 많은 화가들이 이 장면을 그렸지만, 여기에 소개하는 존 마틴의 〈소돔과 고모라〉만큼 우리를 묵상에 이르게 하는 그림은 흔치 않다. 도망하는 롯의 급박함, 하나님이 내리신 무서운 유황불, 롯에게서 멀리 뒤처져 소금기둥으로 남은 롯의 아내의 아득함, 그리고 이 순간을 더욱 극적으로 승화시키는 번개와 그 번개로 나눠지는 재앙과 구원의 갈림길에 이르기까지.

이 그림을 보고 있으면 하나님의 심판에 대한 경외감으로 온 몸이 전율한다. 결국 두고 온 소돔땅에 대한 미련을 떨쳐버리지 못하고 뒤처지다가 하나님이 내리신 유황불에 휩싸여 소금기둥이 되고 만 롯의 아내를 보고 있으면 가슴 한 켠이 저미면서도, 그렇게밖에 하실 수 없었던 하나님의 커다란 뜻을 깊이 되새기게 된다. 하나님께서는 우리가 헛된 이생을 생각하지도 뒤를 돌아보지도 말고 영생을 선택하기를 원하신다. *Amen*

"예수께서 이르시되 손에 쟁기를 잡고 뒤를 돌아보는 자는
하나님의 나라에 합당하지 아니하니라 하시니라."

[누가 9:62]

"우리가 주목하는 것은 보이는 것이 아니요 보이지 않는 것이니
보이는 것은 잠깐이요 보이지 않는 것은 영원함이라."

[고린도후서 4:18]

존 마틴 John Martin, 1789~1854

19세기에 활동했던 영국 출신 화가 존 마틴은, 〈대홍수〉〈바빌론의 붕괴〉와 같은 작품을 통해 성경에 등장하는 종말론적 재앙을 그리는 데 탁월했다. 존 마틴의 작품은 한동안 주목을 받지 못하다가 현대에 이르러 재평가 받고 있다. 강렬한 색채와 극적인 명암으로 유명한 그만의 기법은 프랑스 문인들 사이에서 '숭고의 미학'으로 칭송될 만큼 많은 사람들에게 깊은 울림을 준다.

이삭의 희생

이삭이 그 아버지 아브라함에게 말하여 이르되 내 아버지여 하니 그가 이르되 내 아들아 내가 여기 있노라 이삭이 이르되 불과 나무는 있거니와 번제할 어린 양은 어디 있나이까 아브라함이 이르되 내 아들아 번제할 어린 양은 하나님이 자기를 위하여 친히 준비하시리라 하고 두 사람이 함께 나아가서 하나님이 그에게 일러 주신 곳에 이른지라 이에 아브라함이 그 곳에 제단을 쌓고 나무를 벌여 놓고 그의 아들 이삭을 결박하여 제단 나무 위에 놓고 손을 내밀어 칼을 잡고 그 아들을 잡으려 하니 여호와의 사자가 하늘에서부터 그를 불러 이르시되 아브라함아 아브라함아 하시는지라 아브라함이 이르되 내가 여기 있나이다 하매 사자가 이르시되 그 아이에게 네 손을 대지 말라 그에게 아무 일도 하지 말라 네가 네 아들 네 독자까지도 내게 아끼지 아니하였으니 내가 이제야 네가 하나님을 경외하는 줄을 아노라 아브라함이 눈을 들어 살펴본즉 한 숫양이 뒤에 있는데 뿔이 수풀에 걸려 있는지라 아브라함이 가서 그 숫양을 가져다가 아들을 대신하여 번제로 드렸더라.

[창세기 22:7-13]

로렌조 기베르티, 〈이삭의 희생〉, 1401, 청동, 45×38cm, 이탈리아 피렌체 바르젤로 국립미술관

1401년 피렌체에서는 세례당의 청동문을 조각할 제작자 선정 경연이 열렸다. 시험문제는 '이삭의 희생'이었는데, 당시 쟁쟁한 조각가들이 겨뤄 엄격한 심사 끝에 최종 두 점이 남았다. 바로 최고의 조각가로 꼽히던 브루넬레스키와 금세공업자 출신의 기베르티의 작품이었다.

경연에서는 주제에 담긴 순간의 긴박함을 강조한 브루넬레스키를 제치고 기베르티가 승리했다. 기베르티는 모든 기교를 동원하여 고대의 작품에 견줘 손색이 없을 만큼 정교하게 인체의 아름다움을 조각했다는 평가를 받았다.

작품의 정면에 아브라함이 이삭을 칼로 내려치려하자 오른쪽에서 천사가 이를 제지하고 있다. 화면 왼쪽 아래에는 양을 잡는 장면이 생생하게 묘사돼 있다.

기베르티가 제작한 청동문은, 두 짝으로 된 문의 각 짝마다 열네 개씩 모두 스물여덟 개의 판으로 되어 있다. 그 중 스무 개는 예수님의 삶이고 네 개는 복음서의 사도들, 나머지 네 개는 위대한 교부들 이야기를 담고 있다. 미켈란젤로는, 이 문은 여기 있을게 아니라 천국의 문으로 사용해야 한다며 극찬했는데, 이후 사람들은 이 작품을 '천국의 문'이라 불렀다.

아브라함은 백 살이 되어 겨우 이삭이라는 아들을 얻었다. 늦둥이가 사랑스러워 어쩔 줄 모르는 아브라함에게 하나님이 이삭을 모리아 산에서 번제물로 받치라는 끔찍한 명령을 내리신다. 아버지를 따라 산으로 가는 이삭이 나무와 칼과 불씨는 가져가면서 왜 제물에 쓸 양은 가져가지 않느냐고 묻자 아브라함이 대답했다.

"하나님이 자기를 위하여 친히 준비하시리라"(창 22:8). 아브라함이 산에 올라가 제단을 쌓고 이삭을 결박하고 칼로 죽이려하자 천사가 나타나 제지하였고, 바로 옆 나무 덤불에 걸려 있는 산양을 제물로 받쳤다.

"하나님이 아브라함을 시험하시려고"(창 22:1) 이삭을 번제로 바치라 하셨는데, 야고보서에서는 "아무도 시험하지 아니 하시느니라"(약 1:13)고 쓰여 있다. 하나님께서 아브라함의 믿음을 시험해보기 위해 아들을 죽이라고 하셨을까? 야고보서의 '시험'은 '유혹(tempt)'이란 뜻으로, 우리가 유혹에 빠져 죄 짓고서는 이를 시험에 들었다고 하지 말라는 의미다.

반면, 창세기의 '시험'은 '입증(prove)'의 뜻을 포함한다. "아브라함은 시험을 받을 때에 믿음으로 이삭을 드렸으니 …… 하나님이 능히 이삭을 죽은 자 가운데서 다시 살리실 줄로 생각한지라."(히브리 11:17, 19) 아브라함은 하나님이 이삭을 다시 살리실 줄로 믿고 그 명령을 따른 것이다. 그래서 아브라함은 '믿음의 조상'이 되었다. *Amen*

로렌조 기베르티, 〈천국의 문〉, 1425~52, 동(bronze), 이탈리아 피렌체 산 조반니 세례당

"좁은 문으로 들어가라

멸망으로 인도하는 문은

크고 그 길이 넓어 그리로 들어가는 자가 많고

생명으로 인도하는 문은

좁고 길이 협착하여 찾는 자가 적음이라."

[마태 7:13-14]

로렌조 기베르티 Lorenzo Ghiberti, 1378~1455

가업인 금세공 일을 하다가 피렌체 대성당의 청동문 경연에서 당대 최고 조각가 브루넬레스키를 제치고 우승해 일생의 역작 〈천국의 문〉을 조각하는 기회를 얻었다. 기베르티는 미술이론에도 밝아 정교한 조각기법을 해설한 문헌 『코멘타리』를 남겼는데, 이를 통해 그의 깊은 신앙심과 예술가로서의 품격을 느낄 수 있다.

장자권을 파는 에서

해산 기한이 찬즉 태에 쌍둥이가 있었는데 먼저 나온 자는 붉고 전신이 털옷 같아서 이름을 에서라 하였고 후에 나온 아우는 손으로 에서의 발꿈치를 잡았으므로 그 이름을 야곱이라 하였으며 리브가가 그들을 낳을 때에 이삭이 육십 세였더라. 야곱이 죽을 쑤었더니 에서가 들에서 돌아와서 심히 피곤하여 야곱에게 이르되 내가 피곤하니 그 붉은 것을 내가 먹게 하라 한지라 그러므로 에서의 별명은 에돔이더라 야곱이 이르되 형의 장자의 명분을 오늘 내게 팔라 에서가 이르되 내가 죽게 되었으니 이 장자의 명분이 내게 무엇이 유익하리요 야곱이 이르되 오늘 내게 맹세하라 에서가 맹세하고 장자의 명분을 야곱에게 판지라 야곱이 떡과 팥죽을 에서에게 주매 에서가 먹으며 마시고 일어나 갔으니 에서가 장자의 명분을 가볍게 여김이었더라.

[창세기 25:24-26, 29-34]

헨드릭 테르 브루겐, 〈장자권을 파는 에서〉, 1627, 캔버스에 유채, 107×139cm, 스페인 마드리드 티센보르네미사 미술관

에서는 밭에서 일을 마치고 집 앞에 이르자 달콤하고 향긋한 냄새를 맡았다. 틀림없이 맛있는 팥죽 냄새였다. 그는 곧바로 부엌으로 달려갔다. 어머니와 동생 야곱 앞에 팥죽이 있었다. 에서가 성급히 팥죽이 담긴 그릇에 손을 대려고하자 야곱이 아직 아버지도 드시지 않았다며 에서를 막아섰다. 배가 고파서 참을 수 없었던 에서에게 야곱은 장자권을 주면 팥죽을 먹게 해 주겠다고 했다. 에서는 야곱에게 장자권을 주기로 맹세했다.

그림의 왼쪽에 앉아 그릇에 손을 대는 사람이 야곱이다. 오른쪽에 에서가 서 있다. 그 사이에 이 거래의 중요한 증인인 어머니 리브가 서 있는데, 그 위치가 에서와 대칭을 이룬다. 에서의 등 뒤 그늘에는 아버지 이삭도 보인다. 이삭도 하나님과 함께 이미 이 거래의 전말을 아는 것 같다(창 25:23).

훗날 야곱은 어머니 리브가의 계략으로 팔에 염소 가죽을 둘러서 에서인 것처럼 꾸며, 눈이 어두운 아버지 이삭을 속여 장자의 축복을 받는다. 그리고 이스라엘 민족의 선조가 된다. 도대체 하나님은 왜 야곱처럼 속임수를 쓴 자에게 장자권과 같은 복을 주셨을까?

하나님은 야곱에게 복을 주신 것이 아니다. 야곱은 평생 에서의 복수가 두려워 잠도 제대로 못 이루며 도망자로 살아야 했다. 또 갈비뼈가 부러져 불구자가 되는 곤궁에 처하기도 했다. 심지어 아내를 얻기 위해 14

년이나 머슴살이를 해야만 했다. 하나님은 욕심과 거짓이 가득한 야곱을 고난으로 연단시켜 결국 당신의 사람으로 만드셨다.

인간은 단지 행위의 선악만으로 복 받을 수 있는지 여부가 결정되지 않는다. 그것은 하나님의 주권에 속한다. 하나님은 이미 두 아들이 태어나기 전부터 야곱을 택하셨다(창 25:23). 에서는 팥죽 한 그릇에 장자권을 팔았고(창 25:33), 이방인 여성과 결혼하는 등(창 26:34) 처음부터 하나님이 선택한 사람이 아니었다. 하지만 하나님은 야곱을 쓰시기에 앞서, 그가 길고 힘겨운 고난의 시기를 보내게 하셨다. 고난은 그것 자체가 축복이다. 고난은 하나님께서 복을 내리시기로 하셨다는 은혜를 깨닫는 과정이기 때문이다. *Amen*

"무릇 징계가 당시에는 즐거워 보이지 않고 슬퍼 보이나
후에 그로 말미암아 연단 받은 자들은 의와 평강의 열매를 맺느니라."

[히브리서 12:11]

헨드릭 테르 브루겐 Hendrick Ter Brugghen, 1588~1629

네덜란드 출신 화가로, 주로 종교화와 풍속화를 그렸다. 로마에서 10년 동안 그림 공부를 하면서 부분조명 기법의 대가 카라바조의 명암법에 크게 영향 받았다. 〈장자권을 파는 에서〉에서도 촛불에 비춰진 인물들의 표정에서 내면을 읽을 수 있다.

야곱의 사다리

야곱이 브엘세바에서 떠나 하란으로 향하여 가더니
한 곳에 이르러는 해가 진지라 거기서 유숙하려고
그 곳의 한 돌을 가져다가 베개로 삼고 거기 누워
자더니 꿈에 본즉 사닥다리가 땅 위에 서 있는데 그
꼭대기가 하늘에 닿았고 또 본즉 하나님의 사자들
이 그 위에서 오르락내리락 하고 또 본즉 여호와께
서 그 위에 서서 이르시되 나는 여호와니 너의 조부
아브라함의 하나님이요 이삭의 하나님이라 네가 누
워 있는 땅을 내가 너와 네 자손에게 주리니 네 자
손이 땅의 티끌 같이 되어 네가 서쪽과 동쪽과 북쪽
과 남쪽으로 퍼져나갈지며 땅의 모든 족속이 너와
네 자손으로 말미암아 복을 받으리라.

[창세기 28:10-14]

도메니코 페티, 〈야곱의 사다리〉, 1618~20, 캔버스에 유채, 85×50cm, 오스트리아 빈 미술사 박물관

야곱은 형 에서와 아버지 이삭을 속이고 장자의 축복을 받은 후 형의 분노를 피해 하란으로 도망했다. 그는 도망길에서 잠시 피곤한 몸을 쉬기 위해 돌을 베고 잠이 들었는데, 꿈에서 하늘과 땅을 잇는 사다리에 천사들이 오르락내리락하는 광경을 보았다. 사다리의 꼭대기에 서 계신 하나님께서 야곱에게 "너와 함께 하며 너를 떠나지 않으리라"고 말씀하셨다. 야곱은 잠에서 깨어나 "이곳은 하나님의 집이요 하늘의 문이로다"라 하고, 베고 잤던 돌에 기름을 붓고 그곳을 벧엘('하나님의 집'이란 뜻)이라 하였다(창 28:10-19).

그림을 보면, 야곱은 얼굴에 손을 얹고 괴로워하고 있다. 땅과 천국을 잇는 이 장면은 수많은 화가들에게 영감을 주었는데, 대부분의 화가들은 두 줄로 된 사다리로 묘사했다. 그런데, 이 그림을 그린 화가 도메니코 페티는 사다리 대신 계단을 그렸다.

이 계단은 하나님께서 땅에 머물러 있는 야곱에게 내려주신 천국의 일부분이다. 하나님은 야곱이 있는 땅까지 천국이 닿을 수 있도록 사다리로 천국을 연장한 것이다. 그래서 페티는 사다리를 천국과 어울리도록 황금계단으로 그린 것이다. 페티가 그린 황금계단이 너무 사실적이어서 마치 천국을 본 것처럼 깊은 은혜로움을 느끼게 된다.

그런데, 하나님께서 우리가 사는 이 땅으로 내려주신 또 다른 사다리가 있다. 바로 예수님이시다. *Amen*

"진실로 진실로 너희에게 이르노니
하늘이 열리고 하나님의 사자들이 인자 위에
오르락내리락하는 것을 보리라."

[요한복음 1:51]

도메니코 페티 Domenico Fetti, 1589~1623

로마 출생이지만, 주로 만토바에서 활동하다 베네치아에서 생을 마감했다. 페티는 당시 예술로서는 변방이라 할 수 있는 만토바에서 작품활동을 했기 때문인지, 이탈리아 거장들의 화풍을 그대로 따르지 않고 자기만의 독특한 기법을 구축했다. 하지만 페티가 거장들로부터 전혀 영향을 받지 않았다고 할 수는 없다. 거장들의 화풍을 재해석해 자신의 개성을 살린 새로운 기법으로 발전시킨 것이다. 이를테면 바로크 미술의 거장 루벤스와의 교류를 통해 플랑드르 회화를 연구하면서, 마치 빗자루로 캔버스를 쓸어내리는 듯한 독특한 기법을 개발했다. 페티는 섬세한 붓터치로 삶과 죽음의 명제를 깊이 묵상하는 신앙인의 겸손한 자세를 묘사하는 데 탁월했다. 그래서 그를 가리켜 사색과 명상의 화가로 부르기도 한다. 막달라 마리아가 현세의 덧없음을 묵상하는 모습을 그린 〈멜랑콜리〉는 그의 신앙관과 예술에 대한 철학을 잘 보여준다.

도메니코 페티, 〈멜랑콜리〉, 1589, 캔버스에 유채, 171×128cm, 프랑스 파리 루브르 박물관

형제를 만난 요셉

요셉이 그 형들에게 이르되 나는 요셉이라 내 아버지께서 아직 살아 계시니이까 형들이 그 앞에서 놀라서 대답하지 못하더라 요셉이 형들에게 이르되 내게로 가까이 오소서 그들이 가까이 가니 이르되 나는 당신들의 아우 요셉이니 당신들이 애굽에 판 자라 당신들이 나를 이 곳에 팔았다고 해서 근심하지 마소서 한탄하지 마소서 하나님이 생명을 구원하시려고 나를 당신들보다 먼저 보내셨나이다 이 땅에 이 년 동안 흉년이 들었으나 아직 오 년은 밭갈이도 못하고 추수도 못할지라 하나님이 큰 구원으로 당신들의 생명을 보존하고 당신들의 후손을 세상에 두시려고 나를 당신들보다 먼저 보내셨나니 그런즉 나를 이리로 보낸 이는 당신들이 아니요 하나님이시라 하나님이 나를 바로에게 아버지로 삼으시고 그 온 집의 주로 삼으시며 애굽 온 땅의 통치자로 삼으셨나이다.

[창세기 45:3-8]

페터 폰 코르넬리우스, 〈형제를 만난 요셉〉, 1816〜7, 프레스코, 236×290cm, 독일 베를린 국립미술관

요셉은 야곱의 열두 아들 중 열한 번째 아들이다. 어려서부터 총명했던 요셉은 아버지 야곱이 특별히 아꼈는데, 이로 인해 형들에게 시기를 받아 미움을 샀다. 질투심이 극에 달한 형들은, 어느 날 요셉을 죽이려고 구덩이에 빠트렸다. 그리고 맏형 루우벤의 주도로 요셉을 지나가는 장사꾼들에게 노예로 팔고 아버지 야곱에게는 짐승에게 물려 죽었다고 거짓말을 했다. 애굽에 노예로 팔려간 요셉은 우여곡절 끝에 바로왕의 친위대장 보디발의 집사가 되었다. 성실함으로 주인 보디발의 신임을 얻은 요셉은, 보디발의 아내의 유혹을 뿌리쳤음에도 오히려 오해를 얻어 옥살이까지 하는 등 고난이 끊이질 않았다. 하루는 바로왕이 기이한 꿈을 꾸었는데, 그 꿈을 해몽할 수 있는 사람이 요셉 밖에 없었다. 이로 인해 요셉은 바로왕의 총애를 얻어 총리에 올랐다. 요셉은 7년 동안 이어진 풍년으로 곡식을 비축해 두었다가 온 세상에 기근이 들었을 때 이웃나라에 곡식을 팔아 애굽에 큰 부를 안겼다. 이처럼 요셉은 나라를 어질고 현명하게 다스려 왕의 절대적인 신임을 얻었다. 한편, 가나안에 살던 아버지 야곱과 요셉의 형제들은 기근으로 굶주림에 시달리다 곡식을 사러 애굽으로 갔다. 그리고 야곱과 형제들은 요셉과 극적으로 상봉했다. 요셉은 형제들을 용서하고 가족들을 모두 애굽으로 불러 고센땅에 정착하여 살게 했다.

화가 코르넬리우스는, 굶주림을 피해 애굽으로 곡식을 사러 온 요셉의 형제들과 애굽의 총리가 된 요셉이 극적으로 상봉하는 장면을 3m에 이르는 거대한 프레스코 화면에 묘사해 사실감을 더했다.

동생을 노예로 팔아 넘겼던 형들은, 이웃나라의 총리가 바로 그 동생인 요셉임을 알고 충격에 빠져 두려워하고 있다. 요셉은 이 모든 것이 하나님의 섭리라고 말하고 형들을 용서하며 끌어안는다. 그림 속 요셉의 표정에서 하나님의 인자하심과 은혜로움이 느껴진다.

그림을 가만히 살펴보면, 모든 인간의 모사 위에 하나님의 큰 계획과 섭리가 있음을 새삼 깨닫게 된다. 고난을 만나든 행운을 만나든 모든 것이 하나님의 섭리라 믿고 교만하거나 괴로워하지 말아야 함을 우리는 왜 자꾸 잊고 사는 것일까? *Amen*

페터 폰 코르넬리우스 Peter von Cornelius, 1783~1867

독일 뒤셀도르프 출신으로, 이탈리아 로마로 유학을 가서 프레스코 작품을 공부했다. 1819년 바바리아 루드비히 황태자로부터 미켈란젤로의 작품보다 더 거대한 '최후의 심판'을 제작해 달라는 주문을 받고 귀국했지만, 작품을 완성하진 못했다. 이후 프러시아의 빌헬름 4세의 궁정화가가 되어 독일 곳곳에 대형 프레스코 작품을 제작하여, 쇠퇴하던 프레스코를 독일에서 부흥시킨 낭만주의 화가로 이름을 떨쳤다. 그의 거대한 프레스코 작품들에서는 이탈리아 르네상스의 거장 라파엘로와 미켈란젤로의 특징을 엿볼 수 있다. 프레스코는 물에 젖은 석회벽에 안료를 바르는 기법으로, 15세기에 유화가 발명되고 난 뒤 거의 잊혀졌다가 19세기 들어 코르넬리우스를 통해 다시 꽃을 피웠다.

불타는 떨기나무와 모세

모세가 그의 장인 미디안 제사장 이드로의 양 떼를 치더니 그
떼를 광야 서쪽으로 인도하여 하나님의 산 호렙에 이르매 여호
와의 사자가 떨기나무 가운데로부터 나오는 불꽃 안에서 그에
게 나타나시니라 그가 보니 떨기나무에 불이 붙었으나 그 떨기
나무가 사라지지 아니하는지라 이에 모세가 이르되 내가 돌이
켜 가서 이 큰 광경을 보리라 떨기나무가 어찌하여 타지 아니하
는고 하니 그 때에 여호와께서 그가 보려고 돌이켜 오는 것을
보신지라 하나님이 떨기나무 가운데서 그를 불러 이르시되 모
세야 모세야 하시매 그가 이르되 내가 여기 있나이다. 하나님이
이르시되 이리로 가까이 오지 말라 네가 선 곳은 거룩한 땅이니
네 발에서 신을 벗으라.
이제 내가 너를 바로에게 보내어 너에게 내 백성 이스라엘 자손
을 애굽에서 인도하여 내게 하리라.

[출애굽기 3:1-5, 10]

도메니코 페티, 〈불타는 떨기나무와 모세〉, 1613~14, 캔버스에 유채, 168×112cm, 오스트리아 비엔나 미술사 박물관

요셉이 애굽의 총리로 있으면서 야곱의 자손을 모두 고센땅에 살게 한 후로 많은 세월이 흘렀다. 요셉이 죽은 뒤 하나님을 모르는 사람이 왕이 되면서부터 이스라엘 백성들이 학대를 받게 되었다(출애굽기 1장). 하나님께서는 이스라엘 백성들을 애굽에서 구해 가나안 땅으로 돌아가게 하셨는데, 이러한 하나님의 계획이 모세를 통해 시작되었다(출애굽기 2장).

모세는 히브리인이었으나 이집트 왕궁에서 공주의 양자가 되어 왕자 신분으로 자랐다. 어느 날 모세는 자기 동족인 히브리인이 이집트인 관원에게 매를 맞는 것을 보고 격분해 이집트인을 죽인 뒤 미디안 광야로 도망했다. 모세는 그곳 제사장의 사위가 되어 양을 치며 40년을 살았다. 어느 날 호렙산에 간 모세는 떨기나무에 불이 붙은 것을 보았는데, 이상하게도 나무가 타지 않았다. 그 때 하나님의 음성이 들렸다. "가까이 오지 말라 네가 선 곳은 거룩한 땅이니 네 발에서 신을 벗으라."(출애굽기 3장 5절)

그림을 보면, 모세가 앉아서 신을 벗고 있다. 그의 옆에 양 한 마리가 앉아서 쉬고 있다. 그런데, 오른쪽 떨기나무에 불이 붙어 있다. 불은 하나님의 영광과 권능을 의미하는 데, 그림 전체 화면에 생명을 불어 넣는 효과를 자아낸다.

모세는 40년 전 자신의 뜻으로, 자신의 힘으로 동족의 지도자인양 행동하였던 과오가 있다. 40년 동안 하나님께서 모세에게 내린 가르침은 자신을 버리는 것이었다. 40년이 흐른 뒤 모세 앞에 나타나신 하나님이 처음 하신 말씀은, "일하러 가라"가 아니고 "네 신을 벗어라"이다.

신을 벗는다는 것은 자신을 버리고 자기가 가진 모든 권리를 포기한다는 뜻이다. 예수님께서도 내가 지금 가진 모든 것을 포기하고, 나의 자아를 부인하고서야 하나님께로 갈 수 있다고 하셨다. *Amen*

"누구든지 나를 따라오려거든 자기를 부인하고
자기 십자가를 지고 나를 따를 것이니라."

[마태 16:24]

도메니코 페티 Domenico Fetti, 1589~1623

이탈리아의 화가 도메니코 페티는 고향 만토바에서 곤차가 가문의 궁정화가로 재직하면서 명성을 쌓아 만토바를 대표하는 화가가 되었다. 만토바는 예술의 도시답게 많은 화가들이 여행길에서 잠시 머무르는 곳으로 유명했는데, 바로크 미술의 거장 루벤스도 이 곳을 그냥 지나치지 않았다. 곤차가 가문과 친분이 있었던 루벤스는 자연스럽게 도메니코 페티와도 친분을 쌓았다. 풍성한 색채감을 자아내는 페티의 붓터치는 루벤스의 영향을 받은 것으로 미술사는 기록하고 있다. 페티는 말년에 만토바를 떠나 베네치아로 옮겨와 베로네세, 틴토레토와 같은 베네치아파 화가들의 작품들을 통해 색상이야말로 회화의 가장 중요한 요소임을 깨달았다. 끊임없이 연구하는 예술가였던 페티는, 마치 구도자와 같은 자세로 성경의 여러 장면들을 화폭에 담아내 많은 사람들에게 하나님의 가르침을 전파했다.

홍해를 건너다

모세가 바다 위로 손을 내밀매 여호와께서 큰 동풍이 밤새도록 바닷물을 물러가게 하시니 물이 갈라져 바다가 마른 땅이 된지라 이스라엘 자손이 바다 가운데를 육지로 걸어가고 물은 그들의 좌우에 벽이 되니 애굽 사람들과 바로의 말들 병거들과 그 마병들이 다 그들의 뒤를 추격하여 바다 가운데로 들어오는지라 새벽에 여호와께서 불과 구름 기둥 가운데서 애굽 군대를 보시고 애굽 군대를 어지럽게 하시며 그들의 병거 바퀴를 벗겨서 달리기가 어렵게 하시니 애굽 사람들이 이르되 이스라엘 앞에서 우리가 도망하자 여호와가 그들을 위하여 싸워 애굽 사람들을 치는도다 여호와께서 모세에게 이르시되 네 손을 바다 위로 내밀어 물이 애굽 사람들과 그들의 병거들과 마병들 위에 다시 흐르게 하라 하시니 모세가 곧 손을 바다 위로 내밀매 새벽이 되어 바다의 힘이 회복된지라 애굽 사람들이 물을 거슬러 도망하나 여호와께서 애굽 사람들을 바다 가운데 엎으시니 물이 다시 흘러 병거들과 기병들을 덮되 그들의 뒤를 따라 바다에 들어간 바로의 군대를 다 덮으니 하나도 남지 아니하였더라.

[출애굽기 14:21-28]

코시모 로셀리, 〈홍해를 건너다〉, 1481~2, 프레스코, 350×572cm, 바티칸 시스티나 성당

바티칸 시스티나 성당 남쪽 프레스코 벽화에는 모세의 일생이 담겨 있다. 그 중 세 번째 작품은 이탈리아의 화가 코시모 로셀리가 성경 출애굽기 14장의 장면을 그린 것이다.

이스라엘 백성들이 애굽(이집트)을 떠나는 것을 바로왕이 허락하지 않자 하나님이 애굽에 열 가지 재앙을 내렸는데(출애굽기 7-11장) 이것이 유월절의 기원(출애굽기 12장)이다. 모세가 바로왕의 군대를 피해 이스라엘 민족을 이끌고 애굽에서 탈출해 홍해 앞에 이르렀던 그 절대절명의 순간에, 하나님이 바닷물을 갈라 길을 내시는 바로 그 장면이다.

화면 왼쪽 앞에 지팡이를 들고 서있는 사람이 모세다. 그 옆에서 수금을 타는 여인이 모세의 누이 미리암이다. 그녀의 얼굴에서 하나님의 구원에 대한 감사와 찬양이 느껴진다. 바다를 건넌 이스라엘 민족과 물에 빠져 죽어가는 애굽의 군인들 사이에 기둥 하나가 눈에 띈다. 하나님이 이스라엘 민족을 보호하시려고 애굽 군대 앞에 구름기둥을 두었다는 성경 말씀(출애굽기 14:19)을, 화가 로셀리는 재미있게도 진짜 기둥으로 표현했다.

화면 오른쪽 중간, 애굽 궁전 앞에 모세가 작게 또 한 번 그려져 있다. 로셀리는 하나의 그림 속에서 시간이 다른 두 장면을 그렸다. 즉, 모세가 이스라엘 민족을 이끌고 애굽을 나가겠다고 선언하는 장면이 작게 묘사돼 있다. 중세의 화가들은 이러한 이야기 기법을 많이 사용하였다.

애굽 군대와 궁전을 그린 화면 오른쪽은 어둡고 음침하지만, 이스라엘 민족이 있는 화면 왼쪽은 밝고 경쾌하다. 로셀리가 그린 모세는 일반적인 모세의 모습이라기보다 예수님을 그린 것 같다. 구약의 모세는 예수님의 표상이다(히브리서 10:1). 모세가 이스라엘 민족을 구원하는 모습은, 예수님이 우리를 구원하시는 복음을 그대로 투영한다.

우리는 도저히 해결할 수 없는 문제에 봉착했을 때, 이스라엘 민족처럼 남을 원망하고(출애굽기 14:11~12) 자신을 자책하고 나아가 하늘을 원망한다. 그러나 하나님은 그 어떤 위기에서도 우리를 버려두지 않고 피할 길을 내려 주신다(고린도전서 10:13). 우리는 모든 것을 하나님께 맡기고, 우리를 위해 싸우시는 하나님께 가만히 기도하면 되는 것이다. *Amen*

"여호와께서 너희를 위하여 싸우시리니 너희는 가만히 있을지니라."

[출애굽기 14:14]

코시모 로셀리 Cosimo Roselli, 1439~1507

이탈리아 피렌체 출생으로, 평생을 피렌체를 주무대로 활동했다. 그는 약간은 통속적이면서도 명쾌한 화풍으로 인기를 끌었다. 자신의 작품 활동 말고도 안드레아 델 사르토, 프라 바르톨로메오 등의 대가들을 키워내는 등 후진 양성에도 힘썼다. 대표작으로 뉴욕 메트로폴리탄에 소장되어 있는 〈성모자와 천사들〉이 있다.

십계명판을 깨는 모세

모세가 돌이켜 산에서 내려오는데 두 증거판이 그의 손에 있고 그 판의 양면 이쪽 저쪽에 글자가 있으니, 그 판은 하나님이 만드신 것이요 글자는 하나님이 쓰셔서 판에 새기신 것이더라 여호수아가 백성들의 요란한 소리를 듣고 모세에게 말하되 진중에서 싸우는 소리가 나나이다 모세가 이르되 이는 승전가도 아니요 패하여 부르짖는 소리도 아니라 내가 듣기에는 노래하는 소리로다 하고 진에 가까이 이르러 그 송아지와 그 춤 추는 것들을 보고 크게 노하여 손에서 그 판들을 산 아래로 던져 깨뜨리니라.

[출애굽기 32:15-19]

렘브란트, 〈십계명판을 깨는 모세〉, 1659, 캔버스에 유채, 169×137cm, 독일 베를린 국립회화관

하나님께서 친히 써 주신 십계명(출애굽 31:18)을 들고 내려오던 모세는 자기 백성들이 금송아지를 만들어 신이라고 춤추며 노래하는 것을 보았다. 모세는 백성들의 엄청난 불경과 죄악을 보고 하나님이 직접 써 주신 십계명 돌판을 던져 깨트릴 만큼 분노하였고, 렘브란트는 바로 그 순간을 그렸다. 렘브란트는 전체적으로 색의 사용을 자제하여 거룩하고 엄숙한 분위기를 표현했다.

모세의 얼굴에서 광채가 났다는 말씀(출애굽 34:30)을 라틴어로 'cornuta(뿔이 난)'으로 번역한 불가타 성경 때문에 많은 화가들이 모세의 머리에 뿔을 그렸다. 렘브란트도 머리에 뿔을 그려 넣었다.

이 그림을 그렸을 당시 렘브란트는 인기도 시들고 경제적으로도 파산하는 등 고초를 겪고 있었다. 사랑하는 아내 사스키아 마저 병들어 죽어 깊은 절망에 빠지고 말았다. 너무 가혹한 시련으로 몸부림치던 말년의 렘브란트는 자기의 삶을 돌아보며 회한과 회개로 하루하루를 힘겹게 보냈다. 마치 하나님께서 죄악을 일삼는 인간들을 보시며 근심하고 우셨던 것처럼.

자기의 마음과 하나님의 마음이 하나가 된 순간, 렘브란트는 모세의 얼굴에 분노 대신 한 없이 애처로운 슬픔을 그려 넣었다. 모세로 표현된 주님은 너무도 슬픈 마음으로 울고 계신다. *Amen*

"어찌하면 내 머리는 물이 되고

내 눈은 눈물 근원이 될꼬

죽임을 당한 딸 내 백성을 위하여

주야로 울리로다."

[에레미야 9:1]

렘브란트 Harmenszoon van Rijn Rembrandt, 1606~1669

렘브란트의 아버지는 라인강변에서 제분소를 하는 평범한 가장이었다. 아버지는 여러 자식들 중에서 가장 영특한 렘브란트를 법률가로 키우기 위해 대학을 보냈지만, 정작 렘브란트는 공부에는 관심이 없고 그림 그리기를 즐기는 청년이었다. 렘브란트는 탁월한 재능으로 주변으로부터 이탈리아 유학을 권유 받았지만, 평생 네덜란드를 떠나지 않고 오직 고국에서만 활동하며 불멸의 화가가 되었다. 렘브란트는 몰락해가던 귀족의 딸인 아름다운 사스키아와 결혼했는데, 그녀는 몸이 매우 약해 네 번째 아이를 낳은 뒤 후유증으로 숨을 거두었다. 비극은 여기서 끝나지 않아 렘브란트의 자녀 세 명도 모두 병으로 세상을 떴다. 렘브란트는 허영심과 낭비벽으로 방탕하게 살다가 사스키아와 사별한 뒤에는 재산을 거의 탕진하고 말았다.

그의 화풍도 대중과 멀어져 갔고, 지독한 가난과 외로움으로 말년을 보냈다. 렘브란트 작품은 전체적으로 어둡고 어느 한 부분만 밝은 빛이 나는데, 이 빛을 가리켜 '렘브란트의 빛'이라 부른다. 그 누구도 흉내 낼 수 없는 렘브란트만의 기법인 것이다. 그는 자화상을 70점 넘게 그렸을 정도로 자의식 강한 화가였다. 말년에 돈이 없어 모델을 살 수 없어서이기도 했지만, 내면의 모습에 천착했던 그의 예술가적 풍모를 느낄 수 있다. 그가 남긴 수많은 작품들을 보고 있으면, 네덜란드가 인류에게 준 가장 큰 선물이 렘브란트라고 할 만하다.

가나안의 정탐

사십 일 동안 땅을 정탐하기를 마치고 돌아와 바란 광야 가데스에
이르러 모세와 아론과 이스라엘 자손의 온 회중에게 나아와 그들
에게 보고하고 그 땅의 과일을 보이고 모세에게 말하여 이르되 당
신이 우리를 보낸 땅에 간즉 과연 그 땅에 젖과 꿀이 흐르는데 이
것은 그 땅의 과일이니이다.

갈렙이 모세 앞에서 백성을 조용하게 하고 이르되 우리가 곧 올라
가서 그 땅을 취하자 능히 이기리라 하나 그와 함께 올라갔던 사람
들은 이르되 우리는 능히 올라가서 그 백성을 치지 못하리라 그들
은 우리보다 강하니라 하고 이스라엘 자손 앞에서 그 정탐한 땅을
악평하여 이르되 우리가 두루 다니며 정탐한 땅은 그 거주민을 삼
키는 땅이요 거기서 본 모든 백성은 신장이 장대한 자들이며 거기
서 네피림 후손인 아낙 자손의 거인들을 보았나니 우리는 스스로
보기에도 메뚜기 같으니 그들이 보기에도 그와 같았을 것이니라.

[민수기 13:25-27, 30-33]

지오반니 란프란코, 〈가나안의 정탐〉, 1621~24, 캔버스에 유채, 218×246cm, 미국 로스앤젤레스 장 폴 게티 미술관

이 그림은 민수기 13-14장에 나온 장면이다. 하나님께서 모세를 시켜 이스라엘 백성들을 젖과 꿀이 흐르는 가나안땅으로 인도하셨다.

모세는 애굽군을 따돌리고 가나안땅 앞에 이르러 12지파에서 한 사람씩 뽑아 미리 살펴보게 하였다. 그로부터 40일이 지나서 돌아온 정탐자들 중에 여호수아와 갈렙은 엄청나게 큰 포도를 황포를 입은 모세에게 보이며 하나님이 이 비옥한 땅을 우리에게 주셨으니 두려워말고 가서 차지하자고 하였다. 여호수아와 갈렙을 제외한 나머지 열 명은 원주민들이 너무 크고 강한 데 반해, 우리는 메뚜기 같아 절대로 그들을 이길 수 없다고 땅바닥에 축 처져 있었다.

이에 모든 백성이 불평하고 애굽으로 돌아가려고 반란을 일으켰다. 모세가 기도를 드리니 하나님께서 답하셨다. 하나님께서는, 수많은 기적을 베풀어도 나를 믿지 못하는 백성들은 가나안땅에 들어갈 수 없다고 하시며 여호수아와 갈렙을 제외한 열 명의 정탐자들의 목숨을 거두셨다. 그 광경을 지켜본 백성들은 다시 마음을 돌이켰다. 백성들은, 우리가 죄를 지었으니 당장 싸우러 가자며 재촉했다. 모세는 서두르는 백성들을 말렸지만 소용없었다. 결국 원주민들을 향해 급하게 쳐들어간 백성들은 전쟁에 패하여 쫓겨 내려오고 말았다.

여호수아와 갈렙을 제외한 열 명의 정탐꾼들은 하나님에 대한 믿음이 약했다. 그래서 자신들을 메뚜기로 여기며 싸우기도 전에 전의를 잃어버린 것이다. 믿음이 부족한 정탐꾼들의 말에 넘어 간 백성들은 불평과 걱정을 쏟아 놓았다. 그러다가 갑자기 정신이 들면 하나님이 하지 말라고 한 일을 무모하게 달려들면서 믿음으로 잘 될 것이라고 외친다.

우리는 이렇게 주님의 뜻을 자기 마음대로 판단한다. 우리는 왜 그렇게도 많이 하나님의 기적을 체험하고도 늘 자기 뜻대로만 하려는 것일까? *Amen*

"어느 때까지 나를 믿지 않겠느냐?"

[민 14:11]

지오반니 란프란코 Giovanni Lanfranco, 1582~1647

이탈리아의 바로크 미술을 대표하는 화가다. 파르마 근교 출신으로 아고스티노 칼라치에게서 그림을 배웠고, 코레지오의 영향을 받은 것으로 보인다. 1612년 로마로 진출하여 1625년 로마 빌라 보르게제에 천정화를 그리면서 유명해졌다. 그는 천정화에 크고 넓은 코니스를 그려 넣어 여인주상이 마치 천정을 떠받치고 있는 시각적 효과를 불러 일으켰다. 란프란코는 서양미술사에서 많이 알려진 화가는 아니지만, 빛과 원근법의 착시효과를 통해 성당의 천정화를 입체적으로 묘사하는 데 탁월했다.

1625년경 란프란코가 로마 빌라 보르게제에 제작한 천정화

모세의 놋뱀

백성이 하나님과 모세를 향하여 원망하되 어찌하
여 우리를 애굽에서 인도해 내어 이 광야에서 죽게
하는가 이 곳에는 먹을 것도 없고 물도 없도다 우
리 마음이 이 하찮은 음식을 싫어하노라 하매 여호
와께서 불뱀들을 백성 중에 보내어 백성을 물게 하
시므로 이스라엘 백성 중에 죽은 자가 많은지라 백
성이 모세에게 이르러 말하되 우리가 여호와와 당
신을 향하여 원망함으로 범죄하였사오니 여호와께
기도하여 이 뱀들을 우리에게서 떠나게 하소서 모
세가 백성을 위하여 기도하매 여호와께서 모세에게
이르시되 불뱀을 만들어 장대 위에 매달아라 물린
자마다 그것을 보면 살리라.

[민수기 21:5-8]

틴토레토, 〈모세의 놋뱀〉, 1575~6, 캔버스에 유채, 840×520cm, 이탈리아 베네치아 산 로코 스쿠올라 대회장

하나님은 이스라엘 백성들을 곧바로 가나안땅으로 들어가게 하지 않으시고 광야에서 단련시켰다. 아론이 죽고 난 뒤 기적의 양식 만나(출애굽 16장)가 지겹다고 백성들의 불평이 계속되자 하나님은 불뱀을 보내어 벌하셨다. 백성들이 모세에게 살려달라고 하자, 모세는 하나님의 명령대로 놋쇠로 불뱀을 만들어 장대 높은 곳에 매달고 그것을 쳐다보는 사람은 구원받게 하셨다.

이 그림은 크게 두 부분으로 구성된다. 상단의 분노하시는 하나님 주변과, 하단의 불뱀에 물려 죽고 고통 받는 백성들로 나뉘어 있다. 하나님 주변 천사들의 소동은 하나님의 분노를 더욱 극적으로 나타내고 있다. 화면 중간 왼쪽 언덕 위에 모세가 청동 불뱀을 매 단 막대를 들고 있다. 여기에 묘사된 불뱀(fiery serpent, KJV)은 모양이 조금 독특하다. 자세히 살펴보면, 머리는 물고기의 형상이고 몸통에 날개가 달려있다. 신앙심이 돈독했던 화가 틴토레토가 그린 이 뱀은 에덴에서 하와를 유혹했던 느후스단(열왕기하 18:4)이다. 물고기는 병의 치유를 상징한다.

모세에 의하여 들린 뱀은 그리스도의 표상(요 3:14-15)이다. 인간의 죄를 치유하는데 인간적인 약은 필요 없다. 예수님을 통해서만 새 생명을 얻을 수 있다. 치유 받는 것은 어려운 일이 아니다. 십자가에 매달리신 예수님을 쳐다보면 된다. *Amen*

틴토레토, 〈십자가에 매달린 그리스도〉, 1565, 캔버스에 유채, 536×1224cm, 이탈리아 베네치아 산 로코 스쿠올라 대회장

"모세가 광야에서 뱀을 든 것 같이 인자도 들려야 하리니,

이는 그를 믿는 자마다 영생을 얻게 하려 하심이니라"

[요한 3:14-15]

틴토레토 Tintoretto Jacopo Robusti, 1518~1594

이탈리아 베네치아 출신의 틴토레토는 본명이 야코포 로부스티(Jacopo Robusti)였지만, '염색공(tintore)의 아들'이라는 뜻이 담긴 틴토레토라는 별명이 이름이 되었다. 그는 그림 실력이 뛰어나 주문자가 원하는 대로 뭐든 그려냈다. 심지어 당시 인기 화가인 티치아노나 베로네세의 화풍으로 그려주기도 했다. 하지만 틴토레토만의 거칠고 에너지 넘치는 운동감과 깊은 공간감은 다른 화가들이 따라오지 못 할 정도로 탁월했다. 틴토레토는 그림을 매우 빨리 그리기로도 유명했는데, 그만큼 많은 작품을 남겼다. 신앙심이 깊었던 틴토레토는 종교화도 여럿 남겼다. 대표작으로 〈성 마가의 기적〉〈최후의 만찬〉〈십자가에 매달린 그리스도〉 등이 있다.

여리고

여호와께서 여호수아에게 이르시되 보라 내가 여리고와 그 왕과 용사들을 네 손에 넘겨 주었으니 너희 모든 군사는 그 성을 둘러 성 주위를 매일 한 번씩 돌되 엿새 동안을 그리하라 제사장 일곱은 일곱 양각 나팔을 잡고 언약궤 앞에서 나아갈 것이요 일곱째 날에는 그 성을 일곱 번 돌며 그 제사장들은 나팔을 불 것이며 제사장들이 양각 나팔을 길게 불어 그 나팔 소리가 너희에게 들릴 때에는 백성은 다 큰 소리로 외쳐 부를 것이라 그리하면 그 성벽이 무너져 내리리니 백성은 각기 앞으로 올라갈지니라.

[여호수아 6:2-5]

제임스 티소, 〈여리고의 일곱 나팔〉, 1892~1902, 보드지에 가슈, 19×31cm, 미국 뉴욕 유대인 미술관

하나님이 이스라엘 백성을 애굽에서 이끌어 낸 뒤 그들에게 주신 가나안땅의 정복전쟁이 시작되었다. 모세에 이어 지도자가 된 여호수아는, 한때 정탐꾼이 되어 가나안땅을 살펴본 뒤에 하나님께서 우리에게 주신 땅이니 그곳에 가서 정착하자고 호기롭게 얘기했던 젊은이였다(민수기 13-14장).

가나안땅을 정복하는 과정에서 만난 여리고성은, 높은 지대에 이중벽으로 건설되어 쉽게 함락할 수 없는 난공불락이었다. 여호수아도 모세만큼 신중했기 때문에 여리고성에 진격하기에 앞서 정탐꾼을 보냈다. 여리고성에 숨어 들어간 청년이 예수님의 족보에 나오는 살몬이다(마태 1:5).

한편, 하나님은 여호수아에게 이해하기 힘든 전쟁 방법을 명령하셨다. 제사장 일곱 명이 나팔을 불고 언약궤를 앞세워 모든 군사를 이끌고 성 주위를 하루에 한 번씩 돌기를 엿새 동안 하라고 말씀하셨다. 일곱 째 날에는 성 주위를 일곱 번 돌며 제사장들이 나팔을 불어 모든 군사와 백성들이 큰 소리로 외치면 성이 무너질 것이라고 말씀하셨다. 하나님 말씀대로 하자 그 난공불락의 성이 무너져 내렸다. 이스라엘에 승리를 가져다주신 것이다.

세월이 흘러 지금은 폐허가 된 여리고성을 학자들이 탐사했더니 성이 무너진 잔해가 나타났는데, 그와 함께 출토된 항아리에서 오랜 세월에 매

마른 곡식이 가득 담겨져 있었다. 이것은 전쟁에서 일반적인 포위작전이 벌어지는 동안 성 안의 식량이 모두 소비된 뒤에 성이 함락된 것이 아니라 급작스러운 어떤 현상이 일어나 성이 점령되었음을 방증한다. 인간들의 세속적인 생각으로는 결코 이해할 수 없는 일이 일어났던 것이다. 하나님께서는 그러한 기적의 명령을 여호수아에게 내리셨고, 여호수아와 이스라엘 백성들은 그대로 순종하여 하나님의 방법으로 승리한 것이다.

누구나 살아가면서 여리고성만큼 막막한 어려움을 만난다. 그럴 때마다 도저히 극복할 수 없다는 세속적인 생각에 지배를 받는다. 그렇게 믿음을 접는 순간 기적도 함께 접힌다. 믿음을 놔버렸을 때 우리 안의 여리고성은 더욱 견고해진다. *Amen*

제임스 티소 Jacque Joseph Tissot, 1836~1902

프랑스 낭트에서 태어난 티소는 스무 살에 파리로 이주하여 에콜 데 보자르(프랑스의 공립 미술학교)에서 미술을 공부한 뒤 스물세 살에 화가로 데뷔했다. 젊은 시절 티소는 사교계의 여인들을 주로 그렸는데, 다른 화가들과 마찬가지로 파리 살롱(미술 공모전)에 작품을 출품하곤 했다. 서른다섯 살 되던 해에 보불전쟁에 참전해 런던에서 10년간 체류하면서 화가로서 큰 명성을 얻게 되었는데, 이때 본명인 '자크 조셉'에서 영어식인 '제임스'로 개명했다. 마흔여섯 살에 다녀온 팔레스타인 여행을 계기로 종교화에 심취하여 죽기 전까지 성경의 내용을 작은 크기의 수채화로 많이 그렸다.

소년 사무엘의 기도

하나님의 등불은 아직 꺼지지 아니하였으며 사무엘은 하나님의 궤 있는 여호와의 전 안에 누웠더니 여호와께서 사무엘을 부르시는지라 그가 대답하되 내가 여기 있나이다 하고 엘리에게로 달려가서 이르되 당신이 나를 부르셨기로 내가 여기 있나이다 하니 그가 이르되 나는 부르지 아니하였으니 다시 누우라 하는지라 그가 가서 누웠더니.

여호와께서 세 번째 사무엘을 부르시는지라 그가 일어나 엘리에게로 가서 이르되 당신이 나를 부르셨기로 내가 여기 있나이다 하니 엘리가 여호와께서 이 아이를 부르신 줄을 깨닫고 엘리가 사무엘에게 이르되 가서 누웠다가 그가 너를 부르시거든 네가 말하기를 여호와여 말씀하옵소서 주의 종이 듣겠나이다 하라 하니 이에 사무엘이 가서 자기 처소에 누우니라 여호와께서 임하여 서서 전과 같이 사무엘아 사무엘아 부르시는지라 사무엘이 이르되 말씀하옵소서 주의 종이 듣겠나이다 하니 여호와께서 사무엘에게 이르시되 보라 내가 이스라엘 중에 한 일을 행하리니 그것을 듣는 자마다 두 귀가 울리리라.

[사무엘상 3:3-5, 8-11]

096

조슈아 레이놀즈 경, 〈기도하는 소년 사무엘〉, 1777, 캔버스에 유채, 89×70cm, 프랑스 몽펠리에 파브르 미술관

우리가 보통 〈소녀의 기도〉라고 알고 있는 이 그림의 주인공은 소녀가 아니라 이스라엘 최후의 사사이자 최초의 선지자인 사무엘이다. 화가 조슈아 레이놀즈 경이 이 그림을 그리던 시절, 영국에서는 소년도 어렸을 때는 여자아이처럼 옷을 입고 머리를 기르는 것이 유행이었다고 한다.

레이놀즈는 이 그림에서 하나님에 대한 순종과 지혜의 화신으로서 진리의 빛 앞에 무릎 꿇고 기도하는 소년 사무엘을 젊은이들의 표본으로 묘사하였다. 이 그림을 조용히 바라보고 있으면 그 자체로 기도가 되는 느낌을 받는다. 레이놀즈는 어두운 그림자 속에 인물을 그려 넣는 렘브란트풍으로 이 작품을 완성했다. 아울러 독특한 주제 해석 능력으로 색조와 빛과 구도에 자신만의 감성을 더했다. 그는 경건한 분위기에 어린아이의 순수함을 조화시켜 깊은 영적 화면을 창조한 것이다.

'사무엘'이라는 이름에는 '하나님께 구했다'라는 뜻이 담겨 있다. 즉, 사무엘이 어머니 한나의 기도로 태어난 아이임을 의미한다. 무엇보다도 '사무엘'이라는 이름은, 성경 사무엘상 3:3-14에서 하나님이 어린 소년에게 말씀을 내리시는 장면을 떠올리게 한다.

어린 사무엘은 하나님이 부르시는 음성을 엘리 제사장이 부르는 소리
인줄 알고 엘리에게 가서 자기를 왜 불렀느냐고 묻는다. 그때 엘리는 하
나님이 어린 사무엘에게 나타나셨음을 알아차린다. 그는 다시 하나님이
부르시는 음성이 들리면 '여호와여 말씀하옵소서 제가 듣겠나이다'라고
대답하라고 사무엘에게 알려 준다. 그리고 그날 밤 사무엘은 다시 하나
님과 만나게 된다.

우리가 대답하기 전까지는 하나님도 말씀을 주시지 않는다. 어린 아이
의 순수한 마음에 겸손하고 두려운 마음을 더해, '말씀 하옵소서 제가 듣
겠나이다'라며 무릎 꿇고 하나님께 기도 드렸을 때, 비로소 하나님은 우
리의 기도를 들으시고 말씀과 은혜를 주실 것이다. *Amen*

조슈아 레이놀즈 경 Sir. Joshua Reynolds, 1723~1792

영국 출생 화가로 성직자인 아버지의 영향으로 어려서부터 고전을 많이 읽고 자랐다. 훌륭한 인품에
리더십까지 갖춘 레이놀즈는 많은 사람들에게 덕망이 높았다. 그는 영국 최초로 화가협회를 조직했
고, 영국 최초로 미술전시회를 여는 등 영국 미술계에 뚜렷한 족적을 남겼다. 레이놀즈는 특히 초상
화를 잘 그렸는데, 많은 귀족들로부터 초상화 의뢰를 받기도 했다. 또한 늘 학구적인 자세로 거장들
의 화풍을 연구하며 다양한 기교를 연마했다. 1768년 영국 왕 조지 3세의 후원 아래 로열 아카데미를
창설하고 많은 후학들을 가르쳤는데, 거장들의 작품을 정확히 모사하는 훈련을 강조한 것으로 유명
하다. 레이놀즈는 영국 미술계 발전에 이바지한 공로로 기사 작위를 받았다.

다윗과 골리앗

다윗이 블레셋 사람에게 이르되 너는 칼과 창과 단창으로 내게 나아 오거니와 나는 만군의 여호와의 이름 곧 네가 모욕하는 이스라엘 군대의 하나님의 이름으로 네게 나아 가노라 오늘 여호와께서 너를 내 손에 넘기시리니 내가 너를 쳐서 네 목을 베고 블레셋 군대의 시체를 오늘 공중의 새와 땅의 들짐승에게 주어 온 땅으로 이스라엘에 하나님이 계신 줄 알게 하겠고 또 여호와의 구원하심이 칼과 창에 있지 아니함을 이 무리에게 알게 하리라 전쟁은 여호와께 속한 것인즉 그가 너희를 우리 손에 넘기시리라 블레셋 사람이 일어나 다윗에게로 마주 가까이 올 때에 다윗이 블레셋 사람을 향하여 빨리 달리며 손을 주머니에 넣어 돌을 가지고 물매로 던져 블레셋 사람의 이마를 치매 돌이 그의 이마에 박히니 땅에 엎드러지니라.

[사무엘상 17:45-49]

베첼리오 티치아노, 〈다윗과 골리앗〉, 1542~44, 캔버스에 유채, 300×285cm, 이탈리아 베네치아 산타 마리아 델라 살루트 성당

　　　　　　티치아노는 이솔라의 산토 스피리토 성당의 천정에 〈이삭의 희생〉과 〈가인과 아벨〉, 〈다윗과 골리앗〉을 그렸다. 이 작품들은 지금은 베네치아의 산타 마리아 델라 살루트 성당 성구실로 옮겨 보관되고 있다. 세 개의 천장화 가운데 〈다윗과 골리앗〉은 성경 사무엘상 17장의 내용을 담은 것이다. 티치아노는 이 그림에서 나선형 운동감과 강한 대각선 구도를 교차시켜 역동성을 극대화시키고 있다.

　그림을 보면, 다윗은 블레셋 거인을 쓰러트리고 난 뒤 기도를 드리고 있다. 하나님이 내리시는 은혜의 빛이, 검고 흐린 하늘을 찢을 듯이 강렬하게 비추고 있다. 티치아노는 단축법(원근법을 압축시켜 클로즈업 효과를 극대화시키는 기법)을 활용하여 다윗은 더 작게 골리앗은 더 크게 그려서 대비를 이루게 했다. 즉, 아무리 작은 다윗도 하나님의 도움을 받으면 엄청나게 큰 골리앗을 쓰러트릴 수 있음을 극명하게 대비시켜 묘사한 것이다.

　다윗이 골리앗에 맞서 싸울 수 있었던 것은 바로 믿음의 힘이다. "또 가로되 여호와께서 나를 사자의 발톱과 곰의 발톱에서 건져내셨은 즉 나를 이 블레셋 사람의 손에서도 건져 내시리이다 사울이 다윗에게 이르되 가라 여호와께서 너와 함께 계시기를 원하노라."(사무엘상 17:37)

다윗은 믿음으로 무장하고 골리앗에 맞서 싸웠다. 다윗은 싸움에 앞서 골리앗을 쓰러트릴 수 있는 비장의 무기를 준비했다. 다윗이 평소에 돌 팔매 실력을 연습하지 않았다면 성공할 수 없었을 것이다. 다윗의 믿음에는 간절함과 성실한 준비가 있었다. 맹목적인 믿음이 아니다. 하나님은 우리의 손과 발을 통해 역사하신다. 이 믿음의 바탕에서 다윗의 담대함이 나온다. "다윗이 블레셋 사람에게 이르되 너는 칼과 창과 단창으로 내게 나아오거니와 나는 만군의 여호와의 이름 곧 네가 모욕하는 이스라엘 군대의 하나님의 이름으로 네게 가노라."(사무엘상 17:45) *Amen*

베첼리오 티치아노 Vecellio Tiziano, 1490~1576

르네상스 시대에 활동했던 이탈리아 베네치아파의 화가로, 초상화와 종교화, 신화화에 모두 능통하여 황제와 교황의 공식화가로 활약하기도 했다. 조반니 벨리니의 공방에 들어가 수학하며 조르조네를 만났는데, 둘의 화풍이 비슷하다. 대표작 〈성모승천〉은 뛰어난 색채 사용으로 유명하다. 그림에서 사도들이 성모의 승천을 바라보고 있는데, 천사들에 둘러싸인 성모 마리아가 하나님이 계시는 곳을 향해 비상하는 장면이 생생하게 묘사됐다.

다윗과 우리아

저녁 때에 다윗이 그의 침상에서 일어나 왕궁 옥상에서 거닐다가 그 곳에서 보니 한 여인이 목욕을 하는데 심히 아름다워 보이는지라 다윗이 사람을 보내 그 여인을 알아보게 하였더니 그가 아뢰되 그는 엘리암의 딸이요 헷 사람 우리아의 아내 밧세바가 아니니이까 하니 다윗이 전령을 보내어 그 여자를 자기에게로 데려오게 하고 그 여자가 그 부정함을 깨끗하게 하였으므로 더불어 동침하매 그 여자가 자기 집으로 돌아가니라 그 여인이 임신하매 사람을 보내 다윗에게 말하여 이르되 내가 임신하였나이다 하니라 다윗이 요압에게 기별하여 헷 사람 우리아를 내게 보내라 하매 요압이 우리아를 다윗에게로 보내니 다윗이 그를 불러서 그로 그 앞에서 먹고 마시고 취하게 하니 저녁 때에 그가 나가서 그의 주의 부하들과 더불어 침상에 눕고 그의 집으로 내려가지 아니하니라 아침이 되매 다윗이 편지를 써서 우리아의 손에 들려 요압에게 보내니 그 편지에 써서 이르기를 너희가 우리아를 맹렬한 싸움에 앞세워 두고 너희는 뒤로 물러가서 그로 맞아 죽게 하라 하였더라.

[사무엘하 11:2-6, 13-15]

렘브란트, 〈다윗과 우리아〉, 1665, 캔버스에 유채, 127×117cm, 러시아 상트페테르부르크 에르미타주 미술관

렘브란트는 젊어서부터 출중한 실력으로 화가로서의 명성과 경제적 부를 쌓았다. 스물두 살 때 이미 그의 공방에는 그림을 배우고자 하는 사람들이 넘쳐났다. 서양미술사를 통틀어 다섯 손가락 안에 드는 거장으로 렘브란트를 꼽을 만큼 지금도 수많은 사람들이 그의 작품들을 추앙한다.

하지만, 화가의 걸작과 화가의 삶이 반드시 비례하는 것만은 아니다. 렘브란트의 삶은 중년으로 갈수록 불행의 연속이었다. 아내 사스키아와의 사이에서 태어난 네 명의 자녀 중 막내 티투스만 살아남고 어린 나이에 모두 세상을 등졌다. 심지어 사랑했던 아내 사스키아도 서른이라는 꽃 같은 나이에 지병으로 숨을 거뒀다. 이제 렘브란트에게 남아 있는 사람이라곤 집안일을 돌봐주던 헨드리케 뿐이다. 헨드리케는 기꺼이 렘브란트의 아내가 되어주었고, 또 그의 모델도 마다하지 않았다. 렘브란트의 불행은 거기서 멈추지 않았다. 그의 나이 쉰 살 무렵 가세가 기울면서 파산에 이르러 살던 집까지 경매에 넘어가고 말았다. 심지어 헨드리케와 막내아들 티투스마저 병으로 세상을 뜨자 그는 깊은 절망과 고독 속으로 침잠해 들어갔다. 렘브란트는 예순세 살에 삶의 회한을 뒤로 하고 영면했다. 이 그림은 렘브란트가 파산하고 헨드리케 마저 잃었을 당시 그린 작품이다. 화가의 불행이 다윗의 슬픔으로 전이되어 우리 마음을 아프게 한다.

다윗왕은 전쟁터에 나간 우리아 장군의 아내 밧세바가 목욕하는 장면을 보고 욕정이 생겨 그녀를 왕궁으로 불러들여 덜컥 임신을 시키고 말았다. 다윗왕은 자신의 죄악을 감추기 위해 전쟁터에 있던 우리아를 집으로 돌아오게 명한 뒤 밧세바와 자도록 유도했다. 하지만 우리아는 부하들이 전쟁터에 있는데 자기만 집에서 편하게 쉴 수 없다며 왕궁 바닥에서 자고 전쟁터로 돌아갔다. 다윗왕의 계략이 실패한 것이다. 그러자 다윗왕은 우리아를 가장 위험한 전쟁터로 보내 그를 죽게 했다.

사무엘하 11장은 화가들이 즐겨 그리는 주제인데, 화가들은 대부분 아름다운 밧세바의 여체를 표현하는데 초점을 맞췄다. 하지만 렘브란트는 달랐다. 그는 사무엘하 11장을 읽고 깊은 묵상 끝에, 우리아가 자신의 운명을 인지하고 제물이 됨을 받아들이는 장면으로 그렸다. 우리아의 핏빛 옷은 그가 곧 죽을 운명을 암시한다. 그의 얼굴과 손에 쏟아지는 빛은 하늘에서 내려오는 것이다. 우리의 죄를 대신 지고 제물이 되신 그리스도처럼, 다윗왕의 죄악을 대신 지고 제물이 된 우리아 뒤의 어둠 속에 다윗왕이 초라한 눈빛으로 앉아 있다. *Amen*

"이 예수를 하나님이 그의 피로써 믿음으로 말미암는
화목제물로 세우셨으니." [로마서 3:25]

솔로몬의 재판

왕이 이르되 이 여자는 말하기를 산 것은 내 아들이요 죽은 것은 네 아들이라 하고 저 여자는 말하기를 아니라 죽은 것이 네 아들이요 산 것이 내 아들이라 하는도다 하고 또 이르되 칼을 내게로 가져오라 하니 칼을 왕 앞으로 가져온지라 왕이 이르되 산 아이를 둘로 나누어 반은 이 여자에게 주고 반은 저 여자에게 주라 그 산 아들의 어머니 되는 여자가 그 아들을 위하여 마음이 불붙는 것 같아서 왕께 아뢰어 청하건대 내 주여 산 아이를 그에게 주시고 아무쪼록 죽이지 마옵소서 하되 다른 여자는 말하기를 내 것도 되게 말고 네 것도 되게 말고 나누게 하라 하는지라 왕이 대답하여 이르되 산 아이를 저 여자에게 주고 결코 죽이지 말라 저가 그의 어머니이니라 하매 온 이스라엘이 왕이 심리하여 판결함을 듣고 왕을 두려워하였으니 이는 하나님의 지혜가 그의 속에 있어 판결함을 봄이더라.

[열왕기상 3:23-28]

108

발렌틴 드 불로뉴, 〈솔로몬의 재판〉, 1625, 캔버스에 유채, 176×210cm, 프랑스 파리 루브르 박물관

다윗왕이 충신 우리아의 아내 밧세바로부터 얻은 아들이 솔로몬이다. 솔로몬은 다윗왕의 뒤를 이어 이스라엘의 왕이 되었다. 다윗왕이 수많은 정복전쟁으로 이스라엘의 영토를 넓혔고, 이스라엘은 중동의 강대부국이 되었다.

솔로몬은 왕에 즉위하기 전 꿈에서 하나님을 만났다. 하나님께서 솔로몬에게 무엇을 원하느냐고 물으시자, 한 나라의 왕으로서 백성을 옳게 다스리기에 자신은 여전히 어린 아이와 같다고 말씀 드리며, 하나님께 선악을 분별할 수 있는 지혜를 달라고 청했다. 그러자 하나님은 부귀영화와 장수 대신 지혜를 원한 솔로몬을 기특하게 여겨 지혜에 더해 부귀영화와 장수까지 함께 주셨다.

솔로몬왕의 지혜는 당시 온 세상에 널리 알려져 시바의 여왕까지 그 지혜를 직접 보기 위해 먼 길을 왔다고 한다. 솔로몬왕의 지혜 가운데 '아이 소유권 재판'은 많은 화가들의 작품 소재가 되었다. 같은 시간에 난 아이 중 하나는 죽고 하나만 살아남자 두 여인은 서로 살아남은 아이가 자신의 아이라고 다투다 솔로몬왕에게 재판을 받는다. 솔로몬왕이 칼을 가져오게 하여 아이를 둘로 나눠 주라고 하니 한 여인이 다급하게 소유권을 포기하고 아이를 죽이지만 말라고 부탁하자 솔로몬왕은 바로 그 여인이 진정한 아이의 어미라며, 아이를 그녀의 품으로 보내라고 판결했다. 솔로몬왕에게는 하나님의 지혜가 함께 했던 것이다(왕상 3:16-28).

그림을 살펴보면, 두 명의 여인 사이에 재판관인 솔로몬왕이 있고 그 아래 바닥에 죽은 아이가 있다. 왼쪽 병정이 들고 있는 아이에게 한 여인이 매달려 있다. 열정적인 태도로 보아 이 여인이 아이의 진짜 엄마로 보인다. 그러나 오른쪽에서 가슴에 손을 모은 조용한 여인이 이 아이의 진짜 엄마다. 그림을 보면, 가짜 엄마가 더 열정적이다. 우리는 대개 무엇인가를 구할 때 열정적으로 변한다. 하지만 이 여인의 열정은 아이의 사랑이 아니라 아이를 소유하려는 욕심이다. 가슴에 손을 모으고 아이의 안전을 바라는 눈빛이 간절한 여인은, 아이를 사랑하기 때문에 아이의 소유를 포기했다. 우리는 무엇이 되었건 소유하려고만 든다. 심지어 사랑도 소유한다. 하나님은 우리를 소유의 대상이 아니라 사랑의 대상으로 창조하셨다(요일 4:8). *Amen*

발렌틴 드 불로뉴 Valentin de Boulogne, 1591~1632

프랑스에서 태어나 스물두 살 때 이탈리아 로마로 이주해 작품 활동을 했다. 극적인 명암 효과 '키아로스쿠로 기법'의 창시자 카라바조의 추종자 중 최고의 화가로 꼽힌다. 종교화와 신화화는 물론 초상화에도 능했다. 종교화 중에 〈삼손〉〈성 마가〉 등이 유명하다.

에스더

에스더가 모르드개에게 회답하여 이르되 당신은 가서 수산에 있는 유다인을 다 모으고 나를 위하여 금식하되 밤낮 삼 일을 먹지도 말고 마시지도 마소서 나도 나의 시녀와 더불어 이렇게 금식한 후에 규례를 어기고 왕에게 나아가리니 죽으면 죽으리이다 하니라 모르드개가 가서 에스더가 명령한 대로 다 행하니라.

제삼일에 에스더가 왕후의 예복을 입고 왕궁 안 뜰 곧 어전 맞은편에 서니 왕이 어전에서 전 문을 대하여 왕좌에 앉았다가 왕후 에스더가 뜰에 선 것을 본즉 매우 사랑스러우므로 손에 잡았던 금 규를 그에게 내미니 에스더가 가까이 가서 금 규 끝을 만진지라 왕이 이르되 왕후 에스더여 그대의 소원이 무엇이며 요구가 무엇이냐 나라의 절반이라도 그대에게 주겠노라 하니.

[에스더 4:15-17, 5:1-3]

조반니 안드레아 시라니, 〈에스더와 아하수에로왕〉, 1630, 캔버스에 유채, 101×140cm, 헝가리 부다페스트 미술관

솔로몬왕이 물러난 이후 이스라엘은 두 나라로 쪼개어져 몰락의 길을 걸었다. 솔로몬왕의 아들 르호보암이 하나님의 뜻을 따르지 않고 강압정치를 펴자, 열지파가 반역하여 북쪽에 이스라엘왕국을 세웠다. 남쪽의 유다왕국에는 유다지파와 벤야민지파만 남게 됐다. 하지만, 머지않아 이스라엘왕국은 강대국 앗시리아의 침공으로 무너지고, 유다왕국도 바빌론제국에게 멸망당하고 만다. 바빌론제국은 유대 백성들을 포로로 끌고 가 노예로 삼았다.

몰락하고 멸망당하고 백성들이 포로로 잡혀가는 등 힘겨운 시기를 보냈던 이스라엘에 선지자들이 나타났다. 그들은 절망하는 이스라엘 사람들에게 희망을 주려고 애썼고, 그렇게 살면 안 된다고 쓴 소리도 마다하지 않았다. 눈물의 선지자 예레미야, 메시아를 예언한 이사야, 그리고 유대민족을 말살의 위기에서 구한 에스더가 이 때의 선지자들이다.

어느 날, 바빌론제국의 아하수에로왕이 잔치를 베풀었는데 왕비가 참석하지 않았다. 아하수에로왕은 이 거만한 왕비를 폐위하고(에스더 1장) 바빌론제국에 포로로 잡혀와 있던 유대 여인 에스더를 왕비로 맞았다(2:1-18). 한편, 바빌론제국의 총리대신 하만은 자기에게 절하지 않는 모르드개가 유대인임을 알고 그 민족 전체를 말살할 음모를 꾸며 왕의 조서를 받는데 성공했다(3장). 에스더는 유대인들 모두가 말살될 위기에 처하자 목숨을 걸고 왕을 찾아갔다. 그 당시 바빌론제국에서는 왕이 부르지 않았는데 왕을 찾아가는 행위는 사형에 처해질 만큼 불경한 것이었다. 그런데, 아하수에로왕은 자신을 먼저 찾아온 에스더를 보고 기뻐하며 금홀까지 하사했다.

아하수에로왕이 에스더를 어여삐 여겨 소원이 있으면 나라의 반이라도 줄 테니 말하라고 하자, 에스더는 하만의 음모를 알렸다. 아하수에로왕은 오래 전에 모르드개가 자신의 목숨을 구한 일을 떠올렸다. 생명의 은인 모르드개가 하만의 음모로 목숨이 위태롭다는 사실을 안 아하수에로왕은 진상을 파악한 뒤 죄가 들통 난 하만을 처형했다. 이로써 유대인들은 화를 면함은 물론, 모르드개가 총리에 임명되는 반전이 일어났다. 하만은 유대인을 말살시키고자 했던 날을 제비(부르)를 뽑아 정했는데, 유대인들은 하만의 음모에서 벗어난 날을 부림절로 지정해 기리고 있다.

하나님은 언제나 당신이 선택하신 자를 구원하신다. 그러나 내가 헌신하기를 주저한다면 하나님은 다른 통로를 통해서라도 뜻을 이루시고 우리는 은총을 놓칠 것이다. 주님을 위해 '죽으면 죽으리라' 했을 때 진정한 삶을 얻는다. *Amen*

엘리야와 엘리사

두 사람이 길을 가며 말하더니 불수레와 불말들이 두 사람을 갈라놓고 엘리야가 회오리 바람으로 하늘로 올라가더라 엘리사가 보고 소리 지르되 내 아버지여 내 아버지여 이스라엘의 병거와 그 마병이여 하더니 다시 보이지 아니하는지라 이에 엘리사가 자기의 옷을 잡아 둘로 찢고 엘리야의 몸에서 떨어진 겉옷을 주워 가지고 돌아와 요단 언덕에 서서 엘리야의 몸에서 떨어진 그의 겉옷을 가지고 물을 치며 이르되 엘리야의 하나님 여호와는 어디 계시니이까 하고 그도 물을 치매 물이 이리 저리 갈라지고 엘리사가 건너니라 맞은편 여리고에 있는 선지자의 제자들이 그를 보며 말하기를 엘리야의 성령이 하시는 역사가 엘리사 위에 머물렀다 하고 가서 그에게로 나아가 땅에 엎드려 그에게 경배하고 그에게 이르되 당신의 종들에게 용감한 사람 오십 명이 있으니 청하건대 그들이 가서 당신의 주인을 찾게 하소서 염려하건대 여호와의 성령이 그를 들고 가다가 어느 산에나 어느 골짜기에 던지셨을까 하나이다 하니라.

[열왕기하 2:11-16]

주세페 안젤리, 〈엘리야와 엘리사〉, 1740~50, 캔버스에 유채, 175×265cm, 미국 워싱턴 국립미술관

이 그림은 엘리사가 보는 앞에서 엘리야가 하늘로 올라가는 장면이다. 엘리사는 엘리야를 끈질기게 따라다니며(왕하 2:1-6) 엘리야의 성령의 역사가 자기에게는 갑절이나 있게 해달라고 졸랐다. 하지만, 성령은 하나님이 주시는 것이다. 치유의 은사나 물을 가르는 능력도 엘리야나 엘리사의 능력이 아니라 하나님의 능력이다.

엘리야가 하늘로 올라가는 그림들에는 보통 화염 가득한 수레와 말이 나타난다. 그래서 사람들은 이 그림을 보고, 얼핏 엘리야가 화염 속 말이 이끄는 수레를 타고 하늘로 올라간 것으로 생각하기 쉽다.

화가 주세페 안젤리가 그린 이 그림은, 성경의 기록을 거의 그대로 묘사했다. 그림을 자세히 살펴보면, 엘리야의 발이 바람 위에 있다. 엘리야가 하늘로 올라가기 직전 불수레와 불말이 나타나 엘리야와 엘리사 사이를 갈랐고 엘리야는 회오리바람에 실려 하늘로 올라갔다. 이 장면을 보고 있던 쉰 명의 제자들이 엘리사를 엘리야의 후계자로 인정하고 그에게 경배했다.

성령도 능력도 하나님으로부터 나온다는 것을 이해하지 못한 사람들은 엘리야에게 능력이 있다고 생각했다. 심지어 사람들은 엘리야의 물건들이나 그가 죽은 뒤 그의 사체에까지도 능력이 서려 있다고 여기고 그의 물건들과 사체를 찾아다니기까지 했다. 쉰 명의 제자들은, 엘리사가 능력 있는 선지자 엘리야의 후계자가 되었으니 경배를 받아 마땅하다고 여긴 것이다.

주변을 돌아보면, 사회적 지위가 높고 재력과 명예를 갖춘, 이른바 능력 있는 사람만을 신뢰하고 따르는 경우가 적지 않다. 여호와만 경배하면 성령을 얻을 것(누가 11:13)이라는 진리를 우리는 잊고 사는 것이다. 그렇게 우리는 늘 능력과 형통함만을 구하며 살아간다. *Amen*

"너희가 성경도 하나님의 능력도 알지 못하므로 오해하였도다."

[마태 22:29]

주세페 안젤리 Giuseppe Angeli, 1712~1798

이탈리아 베네치아 출생으로, 화가로 활동하던 초창기에는 그 지역 대표화가 지오반니 피아제타에게 사사 받아 밝고 따뜻하며 서정적인 작품을 주로 그렸다. 이후 그 당시 유명했던 화가 티에폴로로부터 영향을 받아 바로크 스타일의 작품들을 제작했다. 훗날 베네치아 미술 아카데미의 원장에까지 오르며 후학 양성에 힘썼다.

다니엘

벨사살 왕이 그의 귀족 천 명을 위하여 큰 잔치를 베풀고 그 천 명 앞에서 술을 마시니라. 그 때에 사람의 손가락들이 나타나서 왕궁 촛대 맞은편 석회벽에 글자를 쓰는데 왕이 그 글자 쓰는 손가락을 본지라 이에 왕의 즐기던 얼굴 빛이 변하고 그 생각이 번민하여 넓적다리 마디가 녹는 듯하고 그의 무릎이 서로 부딪친지라 왕이 크게 소리 질러 술객과 갈대아 술사와 점쟁이를 불러오게 하고 바벨론의 지혜자들에게 말하되 누구를 막론하고 이 글자를 읽고 그 해석을 내게 보이면 자주색 옷을 입히고 금사슬을 그의 목에 걸어 주리니 그를 나라의 셋째 통치자로 삼으리라 하니라 그 때에 왕의 지혜자가 다 들어왔으나 능히 그 글자를 읽지 못하며 그 해석을 왕께 알려 주지 못하는지라. 다니엘이 왕에게 대답하여 이르되 왕의 예물은 왕이 친히 가지시며 왕의 상급은 다른 사람에게 주옵소서 그럴지라도 내가 왕을 위하여 이 글을 읽으며 그 해석을 아뢰리이다. 기록된 글자는 이것이니 곧 메네 메네 데겔 우바르신이라. 그 날 밤에 갈대아 왕 벨사살이 죽임을 당하였고 메대 사람 다리오가 나라를 얻었는데 그 때에 다리오는 육십이 세였더라.

[다니엘 5:1, 5-8, 17, 25, 30-31]

마티아 프레티, 〈벨사살의 연회〉, 1653~1659, 캔버스에 유채, 202×297cm, 이탈리아 나폴리 카포디몬테 미술관

이 그림은 1745년 나폴리의 성 세베리노 그루터 성당에 제단화로 설치된 네 개의 연작 가운데 하나로, 성경 다니엘서 5장의 장면이다.

바빌론 벨사살왕이 베푼 연회장의 벽에 갑자기 손이 나타나 글씨를 썼다. 왕이 두려워하며 연회장에 모인 사람들에게 글을 해석하라고 했지만 해석할 수 있는 사람이 아무도 없었다. 급기야 왕비의 천거로 다니엘이 왕궁으로 불려 와 의문의 글귀를 해석했다. 다니엘은 그 글귀가 '메네 메네 데겔 우루바신'으로, 하나님이 벨사살왕의 나라를 메대와 바사에게 넘기신다는 뜻이라고 전했다. 그날 밤 벨사살왕은 죽임을 당했고, 그의 나라는 메대와 바사에 의해 멸망당하고 말았다.

그림을 보면, 화면 오른쪽 밝게 비춰진 부분에 호화롭게 차려 입은 왕과 여인들이 두려워 놀라며 무언가를 가리키며 손짓을 하고 있다. 그런데, 화면 오른쪽을 제외하면 그림이 전체적으로 어둡게 채색되어 있다. 어두운 화면은 당시의 잔치 분위기가 공포의 어둠에 휩싸여 있음을 나타낸다.

바빌론의 교만한 벨사살왕은 세상의 부패한 권력을 상징한다. 잔칫상에 올려진 금 술잔과 금 그릇들은 벨사살왕의 아버지 느부갓네살왕이 전

리품으로 약탈해온 것으로, 예루살렘 성전의 경건한 그릇들이다.

잔치에 모인 사람들 위로 갑자기 손이 나타나 뜻 모를 신비한 글씨를 쓴다. 이 광경을 지켜본 왕과 귀족들은 두려움에 놀라 입을 다물지 못하고 있다. 겁에 질린 사람들의 표정이 흡사 자신들의 잘못을 곧 심판하신다는 하나님의 경고를 느낀 듯하다. 도둑이 제발 저리듯 잘못이 있는 사람은 늘 불안하고 두려운 법인데, 그림 속 벨사살왕의 표정이 그러하다. 하나님의 존재를 믿지 않는 사람들조차도 그들 마음 속 깊이 침잠해 있는 하나님에 대한 경외심을 부정할 수 없기 때문이다.

모든 권력을 가진 것 같아도 하나님께서 역사하시면 순간에 재앙으로 변한다. 반면, 하나님을 성실하게 섬기는 다니엘의 삶은 부정부패가 만연한 세상을 우리가 어떻게 살아야 하는지를 보여준다. *Amen*

마티아 프레티 Mattia Preti, 1613~1699

이탈리아 바로크 미술을 대표하는 화가로, 카라바조에 영향을 받아 강한 명암 대비를 통해 그림 속 인물들의 심리를 극적으로 묘사하는 데 탁월했다. 형제 그레고리오와 함께 이탈리아의 칼라브리아에서 태어나 평생을 그곳에서 활동했던 프레티는, 당시 베로네세 같은 거장과 비견될 만큼 인정받는 화가였다. 대표작으로 세례자 요한의 일대기를 그린 천정화가 유명하다.

요나

하나님 여호와께서 박넝쿨을 예비하사 요나를 가리게 하셨으니 이는 그의 머리를 위하여 그늘이 지게 하며 그의 괴로움을 면하게 하려 하심이었더라 요나가 박넝쿨로 말미암아 크게 기뻐하였더니 하나님이 벌레를 예비하사 이튿날 새벽에 그 박넝쿨을 갉아먹게 하시매 시드니라 해가 뜰 때에 하나님이 뜨거운 동풍을 예비하셨고 해는 요나의 머리에 쪼이매 요나가 혼미하여 스스로 죽기를 구하여 이르되 사는 것보다 죽는 것이 내게 나으니이다 하니라 하나님이 요나에게 이르시되 네가 이 박넝쿨로 말미암아 성내는 것이 어찌 옳으냐 하시니 그가 대답하되 내가 성내어 죽기까지 할지라도 옳으니이다 하니라 여호와께서 이르시되 네가 수고도 아니하였고 재배도 아니하였고 하룻밤에 났다가 하룻밤에 말라 버린 이 박넝쿨을 아꼈거든 하물며 이 큰 성읍 니느웨에는 좌우를 분변하지 못하는 자가 십이만여 명이요 가축도 많이 있나니 내가 어찌 아끼지 아니하겠느냐 하시니라.

[요나 4:6-11]

미켈란젤로 부오나로티, 〈요나〉, 1511, 프레스코, 400×380cm, 바티칸 시스티나 성당

구약에는 심오한 신학적 주제를 담고 있는 성경 구절들이 있는데, 요나서(1-4장)는 믿지 않는 악인을 하나님께서 어떻게 대하시는가에 대한 질문을 담고 있다.

선지자 요나는 타락한 이방인들의 도시 니느웨를 구원하라는 하나님의 명령을 들었다. 하지만, 자기 민족도 아닌 그것도 타락한 이방인을 왜 힘써 구원하라고 하시는지 요나는 하나님의 말씀에 의문을 품었다. 요나는 하나님의 명을 어기고 하나님을 피해 도망했다. 도망길에 바다를 만난 요나는 배에 올랐다. 바닷물을 헤치고 항해하던 배가 갑자기 거센 풍랑에 휩쓸려 침몰 위기에 봉착했다. 이때 뱃사람들이 요나를 바다에 던지니 풍랑이 그치고 바다가 잠잠해 졌다.

하나님이 예비하신 거대한 물고기가 커다란 입을 벌려 바다에 빠진 요나를 한 입에 삼켜버렸다. 요나는 꼼짝없이 물고기의 뱃속에 갇히고 만 것이다. 요나는 물고기의 뱃속에서 사흘을 지내며 깊이 깨달았다. 물고기의 커다란 입에서 살아 나온 요나는, 하나님의 명령에 순종하여 니느웨로 가서 하나님의 말씀을 전했다. 그러자 니느웨 백성들은 회개하고 구원을 받았다.

미켈란젤로는, 자신의 천재성과 신앙심이 농축된 인류 최고의 대작 〈천지창조〉에 요나서의 한 장면을 그려 넣었다. 그는 4장에 걸친 요나서의 이야기를 이 그림 한 컷으로 나타냈다. 또한 미켈란젤로는 이 그림 주변에 아담과 이브를 그려서, 모든 인간은 원죄가 있기에 믿는 자나 악한 니느웨 백성이나 모두 나의 사랑하는 창조물이라는 하나님의 말씀을 되새기게 했다.

그런데 그렇게 순종을 다짐했던 요나는 또 다시 하나님께 불평했다. 하나님은 박넝쿨을 통해서 최종의 결론을 내리셨다. "하루 만에 사라지는 박넝쿨을 네가 그리도 아꼈거늘 내가 창조한 인간과 육축을 내가 아끼는 것이 어찌 합당치 아니하냐."(요나 4:10-11) 그들도 하나님이 창조하신 귀한 존재들이다(롬 14:3).

고래의 뱃속에 들어가서 하나님을 찬양한 요나의 노래는, 우리를 깊은 묵상에 들게 한다. *Amen*

"구원은 여호와께로서 말미암나이다."

[요나 2:9]

미켈란젤로는 요나 주변에 아담과 이브를 그려서, 모든 인간은 원죄가 있기에 믿는 자나 믿지 않는 니느웨 백성이나 모두 나의 사랑하는 창조물이라는 하나님의 말씀을 되새기게 했다.

나의 삶이 폭풍의 바다를 지나 항구에 이르렀구나.

지난 시절 나를 옥죘던 욕망은 얼마나 허무했던가!

예술을 우상으로 여긴 환상이

내 인생을 덧없이 덧칠했네.

다가오는 죽음 앞에 서 있는 나를

그 어떤 예술로도 위무하지 못하네.

이제 내 영혼은,

십자가에서 나를 향해 두 팔 벌리신 주님께 향하네.

– 미켈란젤로 부오나로티

미켈란젤로 부오나로티 Michelangelo Buonarroti 1475~1564

이탈리아 르네상스를 연 거장 중의 거장으로 꼽히는 미켈란젤로는, 예술적 열정만큼 신앙심도 깊었던 화가다. 〈천지창조〉와 〈최후의 심판〉을 비롯해 조각작품 〈피에타〉와 〈다비드〉에 이르기까지 성경을 주제로 한 대작들에서 그의 강직했던 믿음을 느낄 수 있다. 노년의 미켈란젤로는 죽음을 앞두고 몇 편의 소네트를 남겼는데, 싯구절에는 치열했던 삶을 뒤로 하고 이제 주님의 품으로 돌아가려는 어느 위대한 예술가의 진실한 믿음이 배어 있다.

Chapter 2 : 신약

수태고지

여섯째 달에 천사 가브리엘이 하나님의 보내심을
받아 갈릴리 나사렛이란 동네에 가서 다윗의 자손
요셉이라 하는 사람과 약혼한 처녀에게 이르니 그
처녀의 이름은 마리아라 그에게 들어가 이르되 은
혜를 받은 자여 평안할지어다 주께서 너와 함께 하
시도다 하니 처녀가 그 말을 듣고 놀라 이런 인사가
어찌함인가 생각하매 천사가 이르되 마리아여 무서
워하지 말라 네가 하나님께 은혜를 입었느니라 보
라 네가 잉태하여 아들을 낳으리니 그 이름을 예수
라 하라.
마리아가 이르되 주의 여종이오니 말씀대로 내게
이루어지이다 하매 천사가 떠나가니라.

[누가 1:26–31, 38]

프라 안젤리코, 〈수태고지〉, 1430~32, 목판에 템페라, 194×194cm, 스페인 마드리드 프라도 미술관

이 제단화는 이탈리아 휘에솔의 산 도메니코 성당에 걸려 있었는데, 1611년 스페인에 팔려서 지금은 마드리드의 프라도 미술관에 전시돼 있다. 누가복음에 기록된 대로 천사 가브리엘이 마리아에게 수태 사실을 알려주는 장면을 프라 안젤리코가 그린 것이다. 이 주제의 그림들을 보통 '수태고지' 또는 '성모영보'라고 한다. 수태고지는 수많은 화가들이 즐겨 그렸던 장면이다. 그 중에서도 프라 안젤리코가 그린 수태고지들이 가장 걸작으로 꼽히고 있는데, 그 이유는 그의 뛰어난 회화적 예술성에 기인하기도 하지만, 그의 인격과 신앙에서 이런 걸작들이 탄생했기 때문이다.

천사와 마리아 모두 경건하고 겸손하게 서로에게 몸을 굽혀 경의를 표하고 있다. 둘 다 후광을 가졌으나 천사는 하늘의 빛을 몸에서 뿜고 있다. 날개를 접지 않은 것으로 보아 이제 막 하늘에서 내려 왔음을 알 수 있다. 마리아의 무릎에 책이 놓여 있는데, 천사가 나타났을 때 마리아는 성경을 읽고 있었으며, 마침 이사야서 7장 14절을 읽고 있었다고 전해진다. 아치의 줄에 제비가 앉은 것은 복음이 시작된다는 뜻이고, 해로부터 들어오는 빛살에 비춰 그려진 비둘기는 성령을 뜻한다.

수태고지라는 그림에는 종종 이렇게 두 인물 사이에 기둥이 나타나는

데, 이 기둥은 하나님이 애굽에서 유대백성을 구해내실 때의 불기둥과 구름기둥을 상징하며, 또한 예수님의 곧고 바른 삶을 의미하기도 한다. 기둥 위의 부조에는 이사야의 얼굴이 보인다. 이사야서 7:14 "처녀가 잉태하여 아들을 낳을 것이요 그 이름을 임마누엘이라 하리라"를 상기시키기 위함이다.

그림을 좀 더 살펴보면 왼쪽 끝에 정원 풍경이 보이는데, 화가는 아담과 이브가 에덴동산에서 천사에 의해 쫓겨나는 광경을 그렸다. 왜 수태고지에 아담과 이브가 나타난 것일까? 프라 안젤리코는 예수님이 세상에 오시는 이유가 우리의 원죄 즉, 아담과 이브가 지은 죄 때문이라는 것을 상기시키고 있다. *Amen*

프라 안젤리코 Fra Angelico, 1395~1455

프라 안젤리코는 본명이 지오바니 다 휘에솔(Giovanni da Fiesole)이었으나 도미니코 수도사가 되면서 '기도 디 피에트로(Guido di Pietro)'라는 세례명을 받았다. 수도원에 있으면서 늘 청빈하고 겸손하며 신심이 깊어 축복 받은 천사(Beato Angelico)로 불릴 만큼 주위의 존경을 받았고, 훗날 복자에까지 올랐다. 천주교에서 복자란 성자 바로 다음의 지위이다. 그가 어디서 그림을 배웠는지는 알려져 있지 않다. 아마도 미사용 책의 삽화를 그리다가 제단화를 그리는 화가로 발전했을 것이다. 그는 원근법과 색, 빛의 사용과 입체적 표현기법 등 선구적 기법으로 시대를 앞선 화가였다. 뿐만 아니라 그의 작품들은 예술적인 차원을 넘어 영성과 묵상의 길로 이끈다. 실제로 그는 늘 기도하는 마음으로 그림을 그렸다고 전해지는데, 서양미술사는 그를 가리켜 "그리스도와 그리스도의 발자취를 그리기 위해 그리스도와 함께한 사람"으로 기록하고 있다. 안젤리코는 특히 십자가에 못 박힌 그리스도를 그릴 때 눈물을 흘렸으며, 자주 무릎을 꿇고 그림을 그렸다고 한다.

동방박사의 경배

헤롯왕 때에 예수께서 유대 베들레헴에서 나시매 동방으로부터 박사들이 예루살렘에 이르러 말하되 유대인의 왕으로 나신 이가 어디 계시냐 우리가 동방에서 그의 별을 보고 그에게 경배하러 왔노라 하니 헤롯왕과 온 예루살렘이 듣고 소동한지라 왕이 모든 대제사장과 백성의 서기관들을 모아 그리스도가 어디서 나겠느냐 물으니 이르되 유대 베들레헴이오니 이는 선지자로 이렇게 기록된 바 또 유대 땅 베들레헴아 너는 유대 고을 중에서 가장 작지 아니하도다 네게서 한 다스리는 자가 나와서 내 백성 이스라엘의 목자가 되리라 하였음이니이다.
집에 들어가 아기와 그의 어머니 마리아가 함께 있는 것을 보고 엎드려 아기께 경배하고 보배합을 열어 황금과 유향과 몰약을 예물로 드리니라.

[마태 2:1-6, 11]

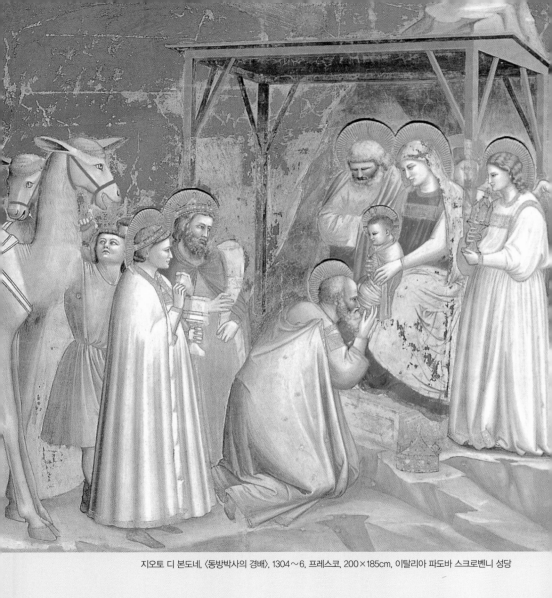

지오토 디 본도네, 〈동방박사의 경배〉, 1304~6, 프레스코, 200×185cm, 이탈리아 파도바 스크로벤니 성당

화가 지오토는 그림 속의 모든 소품과 인물들을 모두 실제 모델을 관찰하여 그렸다. 심지어 마구간의 지붕도 탁자를 뒤집어 놓고 그렸다. 지오토는 낙타를 직접 본적은 없지만, 각 부분마다 다른 모델을 보고 그렸다. 낙타의 눈은 사람의 눈을 보고 그려서 푸른색이다. 낙타의 발굽은 원래 셋이고 더 넙적한데 여기서는 말발굽을 보고 그린 것 같다. 귀는 당나귀를 보고 그렸고, 주둥이는 아마도 말을 보고 그렸을 것이다. 이와 같이 철저히 모델을 보고 그렸으며 사실적으로 묘사했다. 그래서 지오토를 근대 회화의 창시자라고 부른다. 즉, 지오토를 분기점으로 '고대 미술'과 '근대 미술'을 가르는 것이다.

지오토가 그린 〈동방박사의 경배〉는 이탈리아 파도바의 스크로벤니 성당에 그려진 연작 가운데 하나다. 이 성당은 건축가이기도 한 지오토의 개인 미술관이라 할 만큼 그의 작품으로 가득 차 있다. 오래 전에 예언된 대로(미가 5:2) 베들레헴에서 아기 예수가 태어난 날, 동방(아마 지금의 이라크 지역일 것이다)에서 천문을 연구하던 박사들이 별을 따라 와서 아기 예수께 경배 드리는 장면(마태복음 2장 1절-12절)을 그린 수작이다.

동방박사들의 표정은 경외와 찬탄으로 가득하다. 하지만 유대인들은 마리아 일행을 무시하여 숙소도 내주지 않았으며, 유대국의 왕 헤롯은 아기 예수를 죽이려고 엄청난 대학살을 자행하기도 했다.

예수의 탄생을 알린 별을 보고 찾아온 사람들은, 하나님이 가장 먼저 선택하신 백성인 유대인들이 아니라 이방인들이었다. 이 사실은 매일 성경을 읽고 교회에서 예배를 드리는 신앙인들이 오히려 하나님을 만나지 못할 수도 있음을 일깨워 준다. *Amen*

지오토가 성경을 주제로 그린 연작들(이탈리아 파도바 스크로벤니 성당)

지오토 디 본도네 Giotto di Bondone, 1267~1337

700여 년 전 어느 날 이탈리아 토스카나 지방을 여행하다가 곱돌로 바위에 그림을 그리는데 열중한 양치기 소년을 등 뒤에서 조용히 지켜본 사람이 있었다. 그는 당시 이탈리아 최고의 화가인 치마부에였다. 치마부에는 마을의 대장장이였던 소년의 아버지를 찾아가 아들을 화가로 키우라고 설득하고 자신의 공방으로 데려가 도제로 삼았다. 어느 날 치마부에가 외출한 사이, 스승이 그린 인물화의 코에 지오토가 파리를 그려 놓았다. 외출에서 돌아온 치마부에는 캔버스에 붙은 파리를 쫓으려 했으나 날아가지 않았다. 지오토의 그림이 얼마나 사실감과 입체감이 뛰어난지를 방증하는 일화다. 지오토에서 시작된 회화의 평면성의 한계를 뛰어넘는 3차원적 입체감, 실증주의에 기반한 사실 묘사는 근대 회화의 출발을 알리는 기폭제가 됐다.

소년 예수

그의 부모가 해마다 유월절이 되면 예루살렘으로
가더니 예수께서 열두 살 되었을 때에 그들이 이
절기의 관례를 따라 올라갔다가 그 날들을 마치고
돌아갈 때에 아이 예수는 예루살렘에 머무셨더라
그 부모는 이를 알지 못하고 동행 중에 있는 줄로
생각하고 하룻길을 간 후 친족과 아는 자 중에서
찾되 만나지 못하매 찾으면서 예루살렘에 돌아갔
더니 사흘 후에 성전에서 만난즉 그가 선생들 중에
앉으사 그들에게 듣기도 하시며 묻기도 하시니 듣
는 자가 다 그 지혜와 대답을 놀랍게 여기더라.

[누가 2:41-47]

두초 디 부오닌세냐, 〈소년 예수〉, 1308~11, 나무에 템페라, 42.5×43cm, 이탈리아 시에나 오페라 미술관

이탈리아 피렌체에서 지오토가 미술의 새로운 세상을 열고 있을 때, 시에나에서는 두초가 나타났다. 두 도시가 경제와 문화, 권력 등 모든 면에서 경쟁관계에 있던 시기에, 특히 시에나 사람들은 그들의 도시가 발전해 가는 것을 문화적으로 증명하며 자부심을 키워갔다.

시에나 출신의 대가 두초가 〈마에스타〉 등 대작들을 완성하여 시에나 대성당으로 운반하는 날은 온 도시가 축제 분위기였다. 〈소년 예수〉는 그 대작들 가운데 하나다. 이 그림은 이전까지 많이 쓰던 프레스코가 아니라 템페라로 그려서 색이 비교적 선명하고 다채롭다. 템페라는 안료를 달걀 노른자에 개어 칠하는 기법이다.

예수의 부모 요셉과 마리아가 열두 살 소년 예수를 데리고 예루살렘에 갔는데, 서로 길이 어긋나 그만 예수를 잃어버리고 말았다. 아이를 찾아 헤매던 부모는, 성전에서 율법학자와 토론하고 있는 예수를 발견했다. 요셉과 마리아가 어찌된 일이냐고 물었더니, 예수는 아버지의 집에 있는 것이 당연한 것 아니냐고 대답했다.

화가 두초는 바로 이 장면을 그렸다. 그림을 보면, 화면 중심에 소년 예수가 있고 양쪽으로 여섯 명의 율법학자들이 둘러 앉아 토론하고 있다. 그곳에 막 도착한 요셉과 마리아가 화면 왼쪽에서 아들을 찾았다는 안도

감에 기뻐하고 있다. 아울러 요셉과 마리아의 표정을 자세히 살펴보면, 아들을 발견한 곳이 율법학자에 둘러싸여 있는 성전이라는 사실에 놀라움을 금치 못하고 있다. 율법학자들 역시 모두 하나같이 놀라워하는 표정들이다. 오히려 소년 예수의 모습에서 의젓함이 묻어난다. 예수의 머리에는 후광이 빛나고 있다.

이 장면이 담긴 누가복음 2장 39-52절 중 마지막 구절은, 우리가 유아세례 때마다 즐겨 인용하는 부분이다. 아이가 어른이 되면서 사람들 사이에서 신의와 호감을 얻는 것도 중요하지만, 무엇보다 하나님께 사랑받는다면 그 이상 더 바랄 게 없지 않을까? *Amen*

"그 지혜와 키가 자라가며 하나님과
사람에게 더 사랑스러워 가시더라"

[누가복음 2:52]

두초 디 부오닌세냐 Duccio di Buoninsegna 1255?~1319

두초는 이탈리아 르네상스 미술의 한 축을 이뤘던 시에나화파의 거장으로 꼽힌다. 그는 특히 성모화를 잘 그렸다. 지오토의 스승이기도 한 치마부에로부터 조형미를 배우면서 성모에 우아함과 정서미를 담아냄으로써 훗날 곡선미와 온화함으로 대표되는 시에나화파의 방향을 제시했다. 대표작으로 〈루첼라이 성모〉〈마에스타〉 등이 있다.

세례 요한

그 때에 세례 요한이 이르러 유대 광야에서 전파하여 말하되 회개하라 천국이 가까이 왔느니라 하였으니 그는 선지자 이사야를 통하여 말씀하신 자라 일렀으되 광야에 외치는 자의 소리가 있어 이르되 너희는 주의 길을 준비하라 그가 오실 길을 곧게 하라 하였느니라.

요한이 많은 바리새인들과 사두개인들이 세례 베푸는 데로 오는 것을 보고 이르되 독사의 자식들아 누가 너희를 가르쳐 임박한 진노를 피하라 하더냐 그러므로 회개에 합당한 열매를 맺고 속으로 아브라함이 우리 조상이라고 생각하지 말라 내가 너희에게 이르노니 하나님이 능히 이 돌들로도 아브라함의 자손이 되게 하시리라 이미 도끼가 나무 뿌리에 놓였으니 좋은 열매를 맺지 아니하는 나무마다 찍혀 불에 던져지리라 나는 너희로 회개하게 하기 위하여 물로 세례를 베풀거니와 내 뒤에 오시는 이는 나보다 능력이 많으시니 나는 그의 신을 들기도 감당하지 못하겠노라 그는 성령과 불로 너희에게 세례를 베푸실 것이요 손에 키를 들고 자기의 타작 마당을 정하게 하사 알곡은 모아 곳간에 들이고 쭉정이는 꺼지지 않는 불에 태우시리라.

[마태 3:1-3, 7-12]

니콜라 푸생, 〈요한의 세례〉, 1635, 캔버스에 유채, 94×120cm, 프랑스 파리 루브르 박물관

세례 요한이 나타나기 전까지 유대인들은, 하나님은 성전 안에만 계시고 성전에서 희생 제물을 바치는 의식으로 속죄가 된다고 생각했었다. 이와 달리 세례 요한은 의식이 아니라 마음의 회개가 중요하다고 설파했다. 그는 그러한 징표로 물의 세례를 베풀었다. 성경을 보면 물이 많은 강에서 세례를 베푸는 장면이 나온다(요한 3:23). 세례를 베푸는 장면을 묘사한 그림들을 살펴보면, 대부분 그릇으로 물을 붓는 장면이 등장한다. 니콜라 푸생이 그린 이 그림에서도 그릇으로 물을 부으며 세례를 주는 요한이 보인다. 화면 오른쪽에 옷을 잘 차려입은 사람들은 요한의 세례를 좋지 않게 여기는 성전의 지도자들이다.

세례 요한은 구약시대에서 예수님의 시대로 넘어가는 길목에 등장한다. 당시의 율법학자들과 종교지도자들도 독사의 자식들이라는 모욕을 받으면서도 요한에게 몰려들어 세례를 받았다. 요한은 사람들이 자기에게 주목하거나 경배하지 못하게 하고, 자신은 단지 뒤에 오시는 분의 길을 닦는 사람에 불과하다고(마태 3:11) 선포했다. 하나님도 요한이 엘리야의 심령으로 주 앞에 먼저 와서 준비하는 자라 말씀 하셨고(누가 1:17), 요한 자신도 자신을 이사야의 성취라고 하였다(요한 1:23). 세상에 올 것으로 예언된 엘리야가 바로 요한이며, 미리 보내어져 준비하는 자라고 예수님

146

도 말씀하셨다(마태 11:9-14).

요한은 천국이 가까웠으니 회개하라고 경고했는데(마태 3:2), 예수님의 첫 설교(마태 4:17)도 같은 말씀이었다. 몇 천 년 전에 예언된 구약과 예수님보다 먼저 온 세례 요한이 모두 예수님을 증거하고 있다. 예수님 자신이 하나님 약속의 성취다. *Amen*

니콜라 푸생, 〈성 가족과 함께 있는 성 엘리자베스 그리고 성 요한〉, 1644~66, 캔버스에 유채, 러시아 상트페테르부르크 에르미타슈 미술관

니콜라 푸생 Nicolas Poussin, 1594~1665

프랑스 고전주의 미술 최고의 대가로 꼽히는 푸생은, 파리 근교에서 태어났지만 대부분의 삶을 이탈리아에서 보냈다. 조용한 풍모에 인격과 지성까지 갖춘 그는 생활 태도도 매우 절제되고 규칙적이었다. 푸생은 로마와 그리스 신화, 철학과 시, 음악, 심지어 과학에까지 상당히 조예가 깊었다. 그는 작품 속 등장인물들과 소품들을 양초로 깎아서 세워놓고 빛을 비추며 구도와 그림자 명암을 연구했다. 푸생은 세속적인 주제나 장식적인 색채로 작품을 꾸미기 보다는, 인간과 자연을 대상으로 교훈적이고 영웅적인 주제를 장엄한 질서의 구도로 완성하는데 심혈을 기울였다. 대표작으로 〈세월이라는 음악의 춤〉 〈아르카디아의 목자들〉 등이 있다. 성경을 주제로 한 종교화도 여럿 남겼는데, 〈물에서 구해지는 모세〉 〈성 가족과 함께 있는 성 엘리자베스 그리고 성 요한〉 등이 유명하다.

그리스도의 세례

이 때에 예수께서 갈릴리로서 요단강에 이르러 요한에게 세례를 받으려 하신대 요한이 말려 가로되 내가 당신에게 세례를 받아야 할 터인데 당신이 내게로 오시나이까 예수께서 대답하여 가라사대 이제 허락하라 우리가 이와 같이 하여 모든 의를 이루는 것이 합당하니라 하신대 이에 요한이 허락하는지라 예수께서 세례를 받으시고 곧 물에서 올라오실새 하늘이 열리고 하나님의 성령이 비둘기같이 내려 자기 위에 임하심을 보시더니 하늘로서 소리가 있어 말씀하시되 이는 내 사랑하는 아들이요 내 기뻐하는 자라 하시니라.

[마태 3:13-17]

안드레아 델 베로키오, 〈그리스도의 세례〉, 1472~75, 패널에 유채, 177×151cm, 이탈리아 피렌체 우피치 미술관

예수님이 공생애(하나님의 아들로서 죄인을 구원하시고 하나님의 뜻을 이루시는 공적 생애)를 시작하시기 전, 먼저 세례 요한이 출현하여 사람들에게 설교하고 세례를 베풀었다. 이 또한 성경의 이사야 선지자가 했던 말씀을 이루신 것이다. "외치는 자의 소리여 이르되 너희는 광야에서 여호와의 길을 예비하라 사막에서 우리 하나님의 대로를 평탄하게 하라."(이사야 40:3)

예수님 앞에 먼저 와서 주님의 길을 예비하는 요한은 자기가 예수님의 세례를 받아야 한다고 하였으나 인간의 몸으로 오신 예수님은 지금 한없이 낮아지셔서 요한에게 세례를 받아야 한다고 하신다. 모든 일은 절차가 있고 그 모든 것이 조화롭게 합하여져 '의(義)'를 이룰 것이라는 점(로마서 8:28)을 가르쳐 주신다.

화면 오른쪽에 십자가 지팡이를 들고 있는 세례 요한은 예수님의 머리에 물을 부으며 세례를 주고 있다. 화면 위쪽에 두 손과 날개를 활짝 편 비둘기 성령과 후광으로 하나님의 손이 임재했음과 예수님이 하나님의 아들이며 삼위일체의 성자라는 것을 나타내고 있다. 강둑에 앉은 두 천사가 예수님의 옷을 받들고 있다.

모든 의를 이루는 것, 그것은 바로 하나님의 뜻이 이 땅에서도 이루어지게 하는 것이다 (마태 6:10). 하나님의 뜻은 성경을 통해서 알 수 있다. 우리가 무슨 일을 하든지 그것이 하나님의 뜻에 합당한가의 판단은 성경이다. 예수님도 바리새인들과 부딪히고 민중에게 돌을 맞으면서도 늘 하나님의 뜻을 우선으로 삼으셨다. 하나님의 뜻을 아는 것, 그것이 지혜이고 삶이다. *Amen*

안드레아 델 베로키오, 〈그리스도와 성 토마스〉, 1476~83, 청동, 230cm, 이탈리아 피렌체 오르산미켈레 성당

안드레아 델 베로키오 Andrea del Verrocchio, 1435~1488

이탈리아 피렌체 태생의 조각가이자 화가인 베로키오는, 건축가이자 금세공사로도 이름을 날렸다. 하지만 베로키오의 재능은 그의 불세출의 제자의 명성에 가려져 저평가되어 왔는데, 그가 바로 레오나르도 다빈치다. 다빈치는 1470년까지 스승인 베로키오의 작품 제작을 도왔다. 베로키오는 회화 작업은 주로 다빈치에게 맡기고, 자신은 청동 조각에 전념하여 〈그리스도와 성 토마스〉〈다윗〉과 같은 걸작을 남겼다. 〈그리스도의 세례〉에서 천사 부분은 다빈치가 그린 것으로 알려져 있다.

유혹 받는 예수님

그 때에 예수께서 성령에게 이끌리어 마귀에게 시험을 받으러 광야로 가사 사십 일을 밤낮으로 금식하신 후에 주리신지라 시험하는 자가 예수께 나아와 서 이르되 네가 만일 하나님의 아들이어든 명하여 이 돌들로 떡덩이가 되게 하라 예수께서 대답하여 이르시되 기록되었으되 사람이 떡으로만 살 것이 아 니요 하나님의 입으로부터 나오는 모든 말씀으로 살 것이라 하였느니라 하 시니 이에 마귀가 예수를 거룩한 성으로 데려다가 성전 꼭대기에 세우고 이 르되 네가 만일 하나님의 아들이어든 뛰어내리라 기록되었으되 그가 너를 위 하여 그의 사자들을 명하시리니 그들이 손으로 너를 받들어 발이 돌에 부딪 치지 않게 하리로다 하였느니라 예수께서 이르시되 또 기록되었으되 주 너의 하나님을 시험하지 말라 하였느니라 하시니 마귀가 또 그를 데리고 지극히 높은 산으로 가서 천하 만국과 그 영광을 보여 이르되 만일 내게 엎드려 경배 하면 이 모든 것을 네게 주리라 이에 예수께서 말씀하시되 사탄아 물러가라 기록되었으되 주 너의 하나님께 경배하고 다만 그를 섬기라 하였느니라 이에 마귀는 예수를 떠나고 천사들이 나아와서 수종드니라.

[마태 4:1-11]

후안 데 플란데스, 〈유혹 받는 예수님〉, 1500, 패널에 유채, 21.3×16.7cm, 미국 워싱턴 국립미술관

이사벨라 제단화 47장 가운데 하나인 이 그림은, 예수님이 사탄에게 시험 받으시는 마태복음 4장의 내용을 담고 있다. 보티첼리와 틴토레토 등 수많은 화가들도 같은 장면을 그렸다.

화가들은 대체로 예수님에 대한 사탄의 세 가지 시험을 한 장의 그림 안에 모두 묘사했다. 플란데스가 그린 이 그림 역시 다르지 않다. 돌을 떡이 되게 하라는 시험이 전면에 그려져 있고, 화면 왼쪽 산꼭대기에 예수님과 사탄이 서 있는 장면은 높은 데서 뛰어내리라는 시험을 나타낸 것이다. 그 밑으로는 도시와 성전이 배경으로 펼쳐져 있는데, 사탄에게 경배하면 천하만국을 주리라는 시험까지 한 화면에 담고 있다. 사탄은 수도복을 입었으나 머리에 뿔이 나 있고, 발은 파충류와 같다.

우리는 종종 재산이 넉넉했으면 하는 마음을 갖는다. 또 아무 시험도 유혹도 받지 않고 그저 담대하고 평화롭게 살기를 원한다. 권세도 좀 누렸으면 좋겠다고 생각한다.

예수님은 이런 유혹에 대해 우리가 어떻게 대처해야 하는지를 가르쳐 주신다. 이런 시험은 우리가 약했을 때만 오는 것이 아니다. 예수님도 세례를 받고 하늘에서 "내 사랑하는 아들"이라는 인정을 받으며 금식기도를 하고 난 직후에 시험에 드셨다. 우리는 세례를 받고 기도도 많이 해 주변 사람들에게 경건한 사람으로 인정받으면 아무 시험이 없으리라고 생각하기 쉽다. 하지만, 하나님이 우리를 개인적으로 만나시고 확신을 주셨을 때, 하나님의 능력과 보호하심을 확인하고 영적으로 높은 상태에 있을 때 오히려 시험에 빠진다.

우리가 몸가짐을 경건하게 하고 있을 때라도 사탄은 유혹을 멈추지 않고 더욱 집요하게 우리를 시험에 들게 한다. 성전의 높은 곳, 교회의 높은 자리에 있을 때, 영적 상태가 높아졌다고 느낄 때가 더 위험하다.

성경공부를 열심히 하고 진심으로 봉사와 기도를 게을리 하지 않는 신앙생활을 통해 성령의 충만함을 느끼며 하나님께 인정을 얻었다 하더라도, 겸손한 마음을 잃는 순간 자신도 모르는 사이에 영적 교만에 빠져 시험에 무너지고 만다. 이런 시험과 유혹을 뿌리칠 수 있는 힘은 하나님의 말씀뿐이다. 약속된 영생의 소망, 이 세상의 평안한 삶과는 비교할 수 없는 영광에 대한 확신으로 물리칠 수 있는 것이다. *Amen*

후안 데 플란데스 Juan de Flandes, 1465~1519

이름에서 알 수 있듯이 지금의 벨기에 지역인 플랑드르 출신이다. 하지만 화가로서의 활동은 스페인에 속하는 카스티야 지방으로 옮겨가 그곳에서 꽃을 피웠다. 세밀화를 잘 그렸고, 붓터치가 섬세했으며, 청명한 색조의 사용을 즐겼다. 서양미술사는 그를 가리켜 15세기 스페인 미술의 한 축을 이뤘던 발렌시아파를 확립했다고 기록한다. '그리스도의 수난'을 주제로 발렌시아 대성당을 장식했던 종교화가 대표작으로 꼽힌다.

제자를 부르심

갈릴리 해변에 다니시다가 두 형제 곧 베드로라 하는 시몬과 그의 형제 안드레가 바다에 그물 던지는 것을 보시니 그들은 어부라 말씀하시되 나를 따라오라 내가 너희를 사람 낚는 어부가 되게 하리라 하시니 그들이 곧 그물을 버려두고 예수를 따르니라 거기서 더 가시다가 다른 두 형제 곧 세베대의 아들 야고보와 그의 형제 요한이 그의 아버지 세베대와 함께 배에서 그물 깁는 것을 보시고 부르시니 그들이 곧 배와 아버지를 버려두고 예수를 따르니라.

[마태 4:18-22]

도메니코 기를란다요, 〈제자를 부르심〉, 1481, 프레스코, 349×570cm, 바티칸 시스티나 성당

이 그림에서는 특이하게도 한 화면에 시공간을 뛰어 넘어 예수님과 제자들이 세 번 등장한다. 우선 화면 중앙 왼쪽에 강가를 향해 서 계신 예수님이 그물을 들고 있는 베드로와 안드레를 부르신다(마태 4:18-20). 어부인 그들을 부르시며 "내가 너희를 사람을 낚는 어부가 되게 하리라"(마태 4:19)라는 유명한 말씀을 하셨는데, 제자들은 지체 없이 예수님의 말씀을 따랐다.

화면 오른쪽에 한 척의 배가 떠 있다. 배의 뒤쪽에 앉아 있는 사람이 세베대이고 그 앞에 그의 두 아들 야고보와 요한이 앉아 있다. 강가에 서 계신 예수님이 야고보와 요한을 부르시자 그들도 곧바로 배와 아버지를 버려두고 예수님을 따라 나섰다(마태 4:21-22).

자, 이제 화면 전면에 그려진 예수님과 무릎을 꿇은 두 제자의 모습을 보자. 누가복음 5:1-11에 따르면, 제자들이 밤새 고기를 못 잡고 그물을 거두려하고 있을 때 예수님이 오셔서 깊은 데로 그물을 내리라고 말씀하셨다. 제자들이 예수님의 말씀대로 강 깊은 곳으로 그물을 내리니 엄청나게 많은 물고기들이 잡혔다. 그러자 베드로가 예수님의 발 앞에 무릎 꿇으며, "주여 나를 떠나소서. 나는 죄인이로소이다"라고 말했다.

우리는 예수님이 말씀 하실 때 귓등으로 들으면서 제 할일에만 몰두한다. 사람들이 하나님의 말씀을 들으려고 예수님에게 몰려왔을 때도(누가 5:1) 베드로는 고기잡이에 열중하고 있었지만 고기는 하나도 잡지 못했다. 그런 베드로가 예수님 앞에 엎드려 죄인임을 고백하는 모습이 꼭 우리와 같다.

우리는 늘 설교를 듣고 성경을 읽지만, 예수님의 말씀에 깊이 들어가지 못하고 자신의 생각에 갇혀 사는 건 아닐까? 그렇게 사는 우리는 모두 죄인이다. 예수님은 죄인인 우리에게 늘 말씀을 내리신다. 그 말씀을 가슴 깊이 새기며 묵상했을 때 우리는 비로소 깨달음을 얻는다. *Amen*

"무서워하지 말라 이제 후로는 네가 사람을 취하리라."

[누가 5:10]

도메니코 기를란다요 Domenico Ghirlandaio, 1449~1494

15세기 후반 이탈리아 피렌체에서 초기 르네상스의 기반을 다진 화가로, 특히 미켈란젤로의 스승으로 유명하다. '도메니코 디 토마소 비고르디'라는 긴 본명을 지녔는데, 사람들은 그를 '기를란다요'라고 불렀다. 기를란다요는 우리말로 '꽃장식가'라는 뜻이다. 그는 당시 책이나 문서에 작은 꽃 세밀화를 장식으로 그려 넣는 일을 했다. 그 때문에 붙인 닉네임을 이름처럼 부르면서 서양미술사에서도 기를란다요로 기록된 것이다. 기를란다요는 사실주의에 입각한 세부 묘사에 탁월했는데, 종교화나 신화의 장면에 그 당시 유명인사들의 실물을 교묘하게 끼워 넣는 위트 있는 기법으로 큰 인기를 누렸다. 〈제자를 부르심〉에서도 줄지어 촘촘히 서 있는 사람들이 등장하는데, 모두 그 당시 로마에서 활약하던 메디치가의 유명 인사들과 종교, 정치, 상업계의 실력자들이다.

사마리아 여인

사마리아 여자 한 사람이 물을 길으러 왔으매 예수께서 물을 좀 달라 하시니.

사마리아 여자가 이르되 당신은 유대인으로서 어찌하여 사마리아 여자인 나에게 물을 달라 하나이까 하니 이는 유대인이 사마리아인과 상종하지 아니함이러라.

예수께서 대답하여 이르시되 네가 만일 하나님의 선물과 또 네게 물 좀 달라 하는 이가 누구인 줄 알았더라면 네가 그에게 구하였을 것이요 그가 생수를 네게 주었으리라.

예수께서 대답하여 이르시되 이 물을 마시는 자마다 다시 목마르려니와 내가 주는 물을 마시는 자는 영원히 목마르지 아니하리니 내가 주는 물은 그 속에서 영생하도록 솟아나는 샘물이 되리라.

[요한 4:7, 9, 10, 13-14]

게르치노, 〈예수와 사마리아 여인〉, 1640∼41, 캔버스에 유채, 116×156cm, 스페인 마드리드 티센 보르네미사 미술관

예수님이 유대 땅을 떠나 갈릴리로 가시는 길에 사마리아를 지나시다가 우물가에 물을 길러 나온 여인에게 물 한 모금을 청하였다. 그녀는 유대인이 멀리하는 사마리아 사람인데, 심지어 사마리아에서마저도 천대 받는 불쌍한 여인이었다.

그림을 보면, 무거워 보이는 물병을 들고 수심에 가득차고 지친 얼굴을 한 여인이 간청하는 듯한 표정으로 예수님을 바라보고 있다. 예수님은 오른쪽 손가락을 들어 하늘의 하나님을 가리키시고, 왼쪽 손가락으로는 자신을 가리키고 계시다. 여인을 감싸고 있는 낮은 하늘은 무거운 구름이 짓누르고 있으나 높은 하늘은 청명하다. 그 가운데서도 예수님의 머리 위에 후광이 빛나고 있다. 예수님의 눈빛은 따뜻하고 자애가 넘친다.

예수님은 세상 사람들의 차가운 천대와 굶주림에 지친 여인의 마음 속 깊은 상처를 치유하시며 생명의 성령을 가르쳐 주셨다. "지금은 내가 물을 청하지만 네가 하나님의 선물을 알았더라면, 또 내가 누군지 알았더라면 오히려 내게 물을 청하리라."

하나님의 선물은 성령이다. 하나님은 진실로 목마른 자들을 충만케 하시는 풍족한 분이다. 여기 이방인 사마리아 여인은 이방인들을 구원하는 교회를 상징한다. 그녀는 예수님 안에서 믿음을 깨달았다. 그녀는 순전히 예수님의 은혜로 하나님의 선물을 받은 것이다.

이 그림은 다른 풍경화에 비해 지평선이 유난히 낮게 묘사돼 있는데, 이로 인해 예수님과 여인이 마치 저 높은 하늘나라에 관해서 대화를 나누고 있는 듯한 느낌이 든다. 예수님은 사마리아 여인을 통해 이방인에게 구원의 은총을 밝혀 주셨다. 사마리아 여인이 유대인의 주장에 따라 예루살렘에서 예배 드려야 하는가 라고 묻자, 예수님은 장소와 예식이 중요하지 않고 영과 진리로 기도 드려야 함을 가르쳐 주셨다(요한 4:24). *Amen*

"내가 주는 물을 마시는 자는 영원히 목마르지 아니하리니
내가 주는 물은 그 속에서 영생하도록 솟아나는 샘물이 되리라"

[요한 4:14]

게르치노 Giovanni Francesco Barbieri, 1591~1666

이탈리아 볼로냐 근교 센토에서 태어난 그의 본명은 '지오반니 프란체스코 바르비에리'이다. '게르치노(Guercino)'는 우리말로 '사팔뜨기'라는 뜻인데, 눈에 장애가 있었던 것으로 추측된다. 게르치노는 독학으로 그림을 공부해 많은 사람들로부터 실력을 인정받게 되면서 교황 그레고리우스 15세의 부름을 받고 로마로 옮겨와 활동했는데, 이를 계기로 이탈리아 전역에 걸쳐 명성을 떨쳤다. 훗날 고향인 볼로냐로 돌아와 볼로냐 화단을 이끌며 후학 양성에도 힘썼다. 대표작으로 교황의 루도비시 저택에 프레스코로 그린 오로라가 유명하다.

산상수훈

예수께서 무리를 보시고 산에 올라가 앉으시니 제자들이 나아온지라 입을 열어 가르쳐 이르시되 심령이 가난한 자는 복이 있나니 천국이 그들의 것임이요 애통하는 자는 복이 있나니 그들이 위로를 받을 것임이요 온유한 자는 복이 있나니 그들이 땅을 기업으로 받을 것임이요 의에 주리고 목마른 자는 복이 있나니 그들이 배부를 것임이요 긍휼히 여기는 자는 복이 있나니 그들이 긍휼히 여김을 받을 것임이요 마음이 청결한 자는 복이 있나니 그들이 하나님을 볼 것임이요 화평하게 하는 자는 복이 있나니 그들이 하나님의 아들이라 일컬음을 받을 것임이요 의를 위하여 박해를 받은 자는 복이 있나니 천국이 그들의 것임이라 나로 말미암아 너희를 욕하고 박해하고 거짓으로 너희를 거슬러 모든 악한 말을 할 때에는 너희에게 복이 있나니 기뻐하고 즐거워하라 하늘에서 너희의 상이 큼이라 너희 전에 있던 선지자들도 이같이 박해하였느니라.

[마태 5:1-12]

프라 안젤리코, 〈산상수훈〉, 1442, 프레스코, 204×207cm, 이탈리아 피렌체 산 마르코 박물관

산상수훈은 화가들에게 인기 있는 주제였다. 서양 미술사에서는 예수님이 수많은 사람들 앞에서 설교하시는 모습을 담은 그림이 여럿 전해진다. 화가들은 대체로 예수님이 산에서 수많은 군중을 향해 설교하시는 장면을 그렸는데, 안젤리코는 예수님이 제자들만 데리고 조용하게 가르치시는 장면을 그렸다. 우묵한 돌산은 예수님과 제자들만 둘러앉기에 적당한데, 고요하면서도 친밀한 분위기를 자아낸다. 제자들 옷차림의 다양한 색감은 그들의 개성을 나타낸다. 나무 한 그루 없이 단순한 바위산의 무미건조한 배경에 제자들 옷의 화려한 색이 대비를 이룬다. 단순한 배경과 제자들의 절제된 태도는 오히려 전체적인 통일감을 이끌고, 예수님을 부각시키는 효과를 발휘한다.

산상수훈은 팔복설교로 시작된다. 첫마디는 가난한 자들에게 주신 축복이다. 마태복음(5:3)에서는 "심령이 가난한 자는 복이 있나니"라 하셨고, 누가복음(6:20)에서는 "가난한 자는 복이 있나니"라 하셨다. 여기서 예수님이 사용하신 "가난"이라는 말은 비참할 정도로 부족하여 누구의 도움 없이는 살아갈 수 없는 상태를 말한다. 마음이 가난한 자는 모든 일의 결정을 하나님께 의지하며, 혼자 힘으로 아무 것도 할 수 없어서 고통받는 자이다. 예수님은 물질적이든 정신적이든 오직 하늘만 쳐다보며 살

수 밖에 없는 사람들을 불쌍히 여기고 복을 주셨다. 나아가 마태복음(마태 25:31-46)에서는 주리고 목마른 가난한 자를 돌보지 않으면 천국에 들어갈 수 없다고 말씀하셨다.

그림을 보며 성경을 읽고 묵상에 들 때, 유독 화가가 누구인지 눈여겨 보는 경우가 있다. 하나님과 평소에 깊은 교감을 나누던 안젤리코이기에 이런 은혜로운 그림이 가능하지 않았을까? 그림 속에 산이 켜켜이 쌓인 것처럼 주님의 말씀도 쌓인 보화와 같다. 깊고 영험한 산만큼 주님의 말씀 또한 깊으리라.

무엇보다도 가난이 팔복설교의 첫 말씀인 것을 기억하자. 가난한 마음은 겸손이며, 가난한 자를 돌봄은 예수님의 뜻이다. *Amen*

프라 안젤리코 Fra Angelico, 1387~1455

화가이자 수도사였던 안젤리코는 설교자들의 수도회로 알려진 도미니코회의 일원이었다. 이 수도회는 자신이 가진 재능을 모두 사용하라는 예수님의 메시지를 가르치는 성 도미니쿠스의 강령을 따랐다. 안젤리코는 늘 기도하는 마음으로 그림을 그렸다. 안젤리코는 특히 십자가에 못 박힌 그리스도를 그릴 때 눈물을 흘렸으며, 자주 무릎을 꿇고 그림을 그렸다.

프라 안젤리코, 〈십자가 곁에 있는 성 도미니쿠스〉, 1441~46, 프레스코, 이탈리아 피렌체 산 마르코 박물관

백부장의 믿음

예수께서 가버나움에 들어가시니 한 백부장이 나아와 간구하여 이르되 주여 내 하인이 중풍병으로 집에 누워 몹시 괴로워하나이다 이르시되 내가 가서 고쳐 주리라 백부장이 대답하여 이르되 주여 내 집에 들어오심을 나는 감당하지 못하겠사오니 다만 말씀으로만 하옵소서 그러면 내 하인이 낫겠사옵나이다 나도 남의 수하에 있는 사람이요 내 아래에도 군사가 있으니 이더러 가라 하면 가고 저더러 오라 하면 오고 내 종더러 이것을 하라 하면 하나이다 예수께서 들으시고 놀랍게 여겨 따르는 자들에게 이르시되 내가 진실로 너희에게 이르노니 이스라엘 중 아무에게서도 이만한 믿음을 보지 못하였노라.

예수께서 백부장에게 이르시되 가라 네 믿은 대로 될지어다 하시니 그 즉시 하인이 나으니라.

[마태 8:5-10, 13]

베로네세, 〈예수님과 백부장〉, 1571, 캔버스에 유채, 192×297cm, 스페인 마드리드 프라도 미술관

예수님이 활동하시던 때는 유대인들이 나라를 잃고 로마의 지배를 받던 시대다. 당시 로마군은 정복자이므로 졸병이라도 그 위세가 대단했는데, 백부장 정도면 부하가 백 명인 고위 장교로서 엄청난 권세를 지닌 계급이었다. 하물며 말단 졸병들도 정복자라는 지위를 이용해 유대인을 몹시 업신여기며 괴롭혔는데, 백부장 정도 되면 어떠했을까 짐작이 간다.

하지만, 이 그림에 등장하는 백부장은 유대인들에게 회당을 지어 줄 만큼 인격과 재력을 갖춘 사람이었던 모양이다. 어느 날 그의 하인 중 하나가 병이 들었다. 당시 하인의 존재는 온전히 사람 취급을 받을 수 없는 존재, 즉 '살아있는 재산'에 지나지 않았다. 그래서 아프면 버려질 수도 있었다. 그런데 여기 백부장은 달랐다. 하인이 아프다고 백방으로 수고를 아끼지 않을 만큼 사랑이 넘치는 사람이었다.

백부장은 예수님이 아픈 사람의 병을 고칠 수 있는 능력을 지녔다는 소식을 들었다. 백부장은 병든 하인을 구해달라고 예수님께 간청했다. 예수님은 백부장의 부탁을 받고 손수 백부장의 집을 방문하시어 하인의 병을 고쳐 주고자 하셨다. 그러자 백부장은, 예수님께서 오실 필요까지는 없고 예수님이 곧 전능자 하나님이므로 "말씀만 하사"(눅7:7) 명령만 내려 주셔도 하인의 병이 나을 수 있을 것이라고 믿었다. 심지어 백부장의 부하들도 자신의 명령에 따라 이리하라면 이리하고 저리하라면 저리하는데, 천하만물을 주재하는 하나님이신 예수 그리스도께서 말씀만 하면 이루어지지 않을 일이 무엇이 있겠는가, 라는 믿음이다.

이 그림을 조용히 보고 있으면, 우리의 믿음이 백부장만한지 묵상하게 된다. 우리에게 백부장과 같은 확실한 믿음이 있을까? 백부장은 겸손하게 무릎을 꿇고 예수님께 간절히 부탁하고 있다. 심지어 예수님이 하인의 병을 고치기 위해 백부장 자신의 집에 손수 오시겠다는 은혜로움을 어떻게 감당할지 몸 둘 바를 몰라 한다.

우리는 예수님이 나를 도와주시지 않으면 도대체 누굴 도와주시겠냐는 교만한 마음으로 예수님을 향해 '주시옵소서'를 외치는 건 아닐까? *Amen*

베로네세 Veronese Paolo Caliari, 1528~1588

이탈리아 르네상스 시대의 화가로 본명은 파올로 칼리아리지만, 베로나에서 태어났기 때문에 베로네세로 불렸다. 스물네 살 때 화가로서의 활동 무대를 베네치아로 옮겨오면서 화려한 색감과 정교한 구도를 자랑하는 베네치아 화풍의 대가로 자리 잡았다. 그는 가끔 종교화에 개와 원숭이, 어릿광대 등을 그려넣어 종교재판소로부터 해명을 요구받기도 했다. 그의 대표작 〈카나의 결혼잔치〉에도 개가 등장한다.

가나안 여인

예수께서 거기서 나가사 두로와 시돈 지방으로 들어가시니 가
나안 여자 하나가 그 지경에서 나와서 소리 질러 이르되 주 다
윗의 자손이여 나를 불쌍히 여기소서 내 딸이 흉악하게 귀신 들
렸나이다 하되 예수는 한 말씀도 대답하지 아니하시니 제자들
이 와서 청하여 말하되 그 여자가 우리 뒤에서 소리를 지르오니
그를 보내소서 예수께서 대답하여 이르시되 나는 이스라엘 집
의 잃어버린 양 외에는 다른 데로 보내심을 받지 아니하였노라
하시니 여자가 와서 예수께 절하며 이르되 주여 저를 도우소서
대답하여 이르시되 자녀의 떡을 취하여 개들에게 던짐이 마땅
하지 아니하니라 여자가 이르되 주여 옳소이다마는 개들도 제
주인의 상에서 떨어지는 부스러기를 먹나이다 하니 이에 예수
께서 대답하여 이르시되 여자여 네 믿음이 크도다 네 소원대로
되리라 하시니 그 때로부터 그의 딸이 나으니라.

[마태 15:21-28]

172

안니발레 카라치, 〈그리스도와 가나안 여인〉, 1600, 캔버스에 유채, 255×196cm, 이탈리아 산 파올로 파르마 미술관

이 장면은 마태복음 15장 21절~28절의 말씀이다. 귀신들려 고통 받는 딸을 둔 수로보니게 지방의 여인이 예수님께 도와 달라고 간청했다. 유대인이 아닌 이방 여인의 부탁을 들으신 예수님께서는 지금은 이방인을 구원할 때가 아니고 이스라엘의 잃어버린 양을 구원하기 위해서만 보냄을 받으셨다고 말씀하셨다. 그리고 자녀의 떡을 개에게 주는 것은 마땅치 않다며 여인의 간청을 거절하셨다.

그러나 수로보니게 여인은 개도 주인의 밥상에서 떨어지는 부스러기를 먹는다고 말하며 다시 한 번 예수님께 간곡히 청했다. 여인은, 감히 예수님이 유대인에게 주시는 것만큼은 생각지도 않는다면서, 그 부스러기만 받는다 할지라도 자기 아이의 병이 나을 것이라고 믿고 예수님께 매달렸다. 예수님은 네 믿음이 참 크다고 하시며, 딸아이의 병을 낫게 하셨다.

그림을 보면, 파란 옷을 입고 연민의 눈길을 주시는 분이 예수님이다. 그 뒤에는 제자 베드로가 예수님을 말리고 있다. 수로보니게는 시리아와 페니키아 지방을 말한다. 이방 여인은 개가 땅에 떨어진 음식 찌꺼기를 주워 먹는 것을 가리키며 예수님을 간절하게 올려다본다.

이방 여인은 온갖 모욕과 무시를 당했지만, 간절한 믿음으로 부스러기 은총을 구했다. 우리도 주님의 구원을 당당히 구할 수 있는 처지가 아니다. 우리의 본성과 행실로 보면 구원은커녕 기도를 드리기에도 민망할 정도다. 그런데 우리에게도 부스러기 은총이 필요해서인지, 이 그림을 보고 있으면 자꾸 개에게 눈길이 간다. *Amen*

프랑스 화가 드루에도 마태복음 15장 21절~28절을 그렸다. 예수님과 가나안 여인, 베드로 이외에도 여러 인물이 등장하지만, 안니발레의 작품에 나오는 개는 보이지 않는다. (〈그리스도와 가나안 여인〉, 1784, 캔버스에 유채, 114×146cm, 프랑스 파리 루브르 박물관)

안니발레 카라치 Annibale Carracci, 1560~1609

카라치 가문은 볼로냐를 거점으로 16세기 이탈리아 바로크 미술을 이끈 미술가 가문이다. 루도비코와 아고스티노, 프란체스코 등 뛰어난 화가들을 배출했는데, 그 중에서도 안니발레의 창의력과 재능이 돋보였다. 당시 안니발레는 거장 카라바조와 쌍벽을 이룰 정도로 실력을 인정 받았다. 카라바조는 암울한 색조로 감정을 격하게 표현했는데 반해, 고전에 충실했던 안니발레는 밝은 색조로 경건함을 잃지 않는 가운데 담백하고 정직한 화면을 추구했다. 안니발레는 훗날 카라치 아카데미를 설립하여 미술교육에도 힘썼는데, 도메니치노, 알바니, 귀도 레니 같은 화가들이 이곳 출신이다. 안니발레는 유언대로 그가 존경했던 라파엘로의 묘지가 있는 로마 판테온 근처에 묻혔다.

마르다와 마리아

그들이 길 갈 때에 예수께서 한 마을에 들어가시매 마르다라 이름하는 한 여자가 자기 집으로 영접하더라 그에게 마리아라 하는 동생이 있어 주의 발치에 앉아 그의 말씀을 듣더니 마르다는 준비하는 일이 많아 마음이 분주한지라 예수께 나아가 이르되 주여 내 동생이 나 혼자 일하게 두는 것을 생각하지 아니하시나이까 그를 명하사 나를 도와 주라 하소서 주께서 대답하여 이르시되 마르다야 마르다야 네가 많은 일로 염려하고 근심하나 몇 가지만 하든지 혹은 한 가지만이라도 족하니라 마리아는 이 좋은 편을 택하였으니 빼앗기지 아니하리라 하시니라.

[누가 10:38-42]

디에고 벨라스케스, 〈마르다와 마리아〉, 1620, 캔버스에 유채, 60×103.5cm, 영국 런던 내셔널 갤러리

스페인 회화의 거장 벨라스케스가 그린 이 그림은, 누가복음 10:38-42을 담고 있다. 그림 전면에 분주하고 소란스런 부엌이 나오는 데, 주방에 생선, 마늘, 달걀, 야채 등이 어지럽게 흩어져 있고 언니 마르다의 절구질도 시끄럽게 느껴진다. 일을 하는 마르다의 얼굴은 붉게 상기되어 있는데, 뭔가 불평이 어린 표정이다. 마르다의 뒤에 있는 동생 마리아의 표정은 전혀 다른 모습을 하고 있다. 벨라스케스는 더욱 극적으로 구별하기 위해 아예 예수님과 마리아는 거울에 비친 상으로 조용하고 평화롭게 묘사하였다. 놀라운 발상이다. 절구질을 하며 부엌일을 '봉사'하는 마르다의 모습과 예수님의 말씀에 '경청'하는 마리아의 모습이 묘한 대비를 이룬다.

여기서 예수님의 가르침은 봉사하는 삶보다 묵상하는 삶이 더 귀하다는 이야기가 아니다. 마르다는 비난 받을 만한 사람이 아니다. 그녀는 훌륭한 부활의 믿음을 가졌고(요한 11:24) 동생 마리아에게도 친절한 언니다(요한 11:28). 봉사하는 것은 매우 귀한 일이다. 하지만 예수님을 섬긴다고 하면서 예수님에게 배울 시간이 없을 정도로 우리 삶이 분주해서는 안 된다. 또 자기만 봉사한다고 여기면서 봉사하지 않는 사람을 불평해서도 곤란하다. 예수님은 바로 이것을 가르치신 것이다.

봉사는 귀한 일이며 섬김을 증명하는 열매이다. 모두의 균형이 필요한 것이다. 봉사에 너무 치중하다 말씀을 게을리하면 믿음을 잃을 수 있고, 말씀만 들으며 봉사하지 않으면 믿음이 깊어질 수 없다. 나는 봉사로 너무 분주하지 않은가? 아니면 봉사할 손을 쉬고 있지는 않은가? *Amen*

누가복음 10:38~42의 내용은 벨라스케스말고도 여러 화가들이 그렸다. 그 중에 네덜란드의 거장 베르메르 작품도 유명한데, 벨라스케스의 작품과 달리 밝고 화려한 색조가 돋보인다.
《마르다와 마리아의 집에서 그리스도》, 1655, 캔버스에 유채, 142×160cm 스코틀랜드 국립미술관)

디에고 벨라스케스 Diego Rodriguez de Silva y Velazquez 1599~1660

스페인 세비야 태생의 벨라스케스는 열 살 때부터 거의 완벽한 기교를 터득했던 미술신동이었다. 열여덟 살에 궁정화가가 되었고, 스물네 살에는 스페인 국왕 펠리페 4세의 수석궁정화가가 되었다. 〈마르다와 마리아〉는 겨우 스무 살에 그린 초기작이지만 거울에서 마리아가 예수님 말씀을 경청하는 장면을 묘사해 부엌일을 봉사하는 마르다와 대비시키는 해석을 통해 대가의 능력을 십분 발휘하고 있다. 대표작으로 그 유명한 〈시녀들(라스 메니나스)〉이 있다.

선한 목자

예수께서 그들에게 이 비유로 이르시되 너희 중에
어떤 사람이 양 백 마리가 있는데 그 중의 하나를
잃으면 아흔아홉 마리를 들에 두고 그 잃은 것을 찾
아내기까지 찾아다니지 아니하겠느냐 또 찾아낸즉
즐거워 어깨에 메고 집에 와서 그 벗과 이웃을 불러
모으고 말하되 나와 함께 즐기자 나의 잃은 양을 찾
아내었노라 하리라 내가 너희에게 이르노니 이와
같이 죄인 한 사람이 회개하면 하늘에서는 회개할
것 없는 의인 아흔아홉으로 말미암아 기뻐하는 것
보다 더하리라.

[누가 15:3-7]

대 루카스 크라나흐, 〈선한 목자〉, 1550, 캔버스에 유채, 21×14.3cm, 독일 에르푸르트 미술관

어두운 지하묘지(catacombae, 카타콤베)에 숨어 지내던 초기 기독교인들은 로마군에게 잡혀가서 사자의 밥이 되는 두려움 속에서도, 주님이 보호해 주시며 결국은 부활시켜 영생을 주실 것이라는 믿음으로 로마의 박해를 이겨냈다. 당시 카타콤베에는 수많은 '선한 목자' 벽화가 그려졌다. 아마도 시편 23의 "여호와는 나의 목자시니 내게 부족함이 없으리로다"에서의 '선한 목자'라는 개념이 당시 기독교인들에게 절실했을 것이다.

이후 복음서가 정립되면서 요한복음 10:11의 "나는 선한 목자라 선한 목자는 양들을 위하여 목숨을 버리거니와"와 누가복음 15:3-6의 잃어버린 양을 찾는 비유가 더해져 주님은 선한 목자라는 도상이 완성되었다.

많은 화가들은 '선한 목자'를 인자한 표정의 예수님이 양을 둘러메고 있는 모습으로 묘사했다. 그런데, 유독 루카스 크라나흐가 그린 '선한 목자'의 모습은 남루한 옷과 초췌한 몰골을 하고 있다. 이 그림이 주목받는 이유다. 오랜 시간 강을 건너고 숲을 헤치면서 도중에 늑대를 만나는 우여곡절을 겪기도 했는지 목자의 옷은 다 헤지고 얼굴에는 지친 기색이 역력하다. 이 그림을 보고 있으면, 제목 '선한 목자'에서 '목자'보다는 '선한'이라는 단어를 더 묵상하게 된다. 도대체 '선한 목자'에서 '선하다'는 말에는 무슨 뜻이 담겨 있는 걸까? 남보다 동정심이 더 있어서 양을 지키고 도와주면 선한 목자가 되는 걸까?

마가복음 10:18에서는 "어찌하여 나를 선하다 일컫느냐 하나님 한 분 외에는 선한 이가 없느니라"라는 예수님의 말씀이 기록돼 있다. 여기서 '선하다'라는 의미는 '악함'의 반대 개념이거나 상대적인 '선함'을 뜻하지 않는다. 유일한 'GOOD'은 'GOD'이다. 하나님은 완벽한 절대선으로서, 모든 피조물은 그 깊이와 끝을 도저히 헤아릴 수 없다. 우리는 그 절대적인 선함에 기대어 진정한 자유를 누릴 수 있으며, 그 절대적인 선함 앞에서 어떤 경우에도 우리의 업적이나 선의를 자랑할 수 없다. *Amen*

대 루카스 크라나흐 Lucas Cranach, 1472~1553

서양미술사에는 '크라나흐'라는 이름이 두 번 등장하는데, 그들은 부자지간이다. 크라나흐 부자(父子)는 알브레히트 뒤러, 한스 홀바인과 함께 독일 르네상스 미술을 대표한다. 아버지 루카스 크라나흐는 평생을 독일 색소니 지방 프리드리히 공작의 궁정화가로 보냈다. 그는 청년 시절에는 가톨릭적인 종교화를 그렸다. 또 신화를 주제로 누드를 즐겨 그렸다. 궁정화가가 되면서 왕족과 귀족, 종교계 지도자와 활발히 교류하며 당시 명망가들의 주문으로 많은 초상화를 그리기도 했다. 특히 그는 종교개혁의 주인공 마틴 루터와는 가족 간에 왕래가 빈번할 정도로 친분이 두터웠다. 마틴 루터의 영향으로 말년에는 개신교적 종교화와 종교개혁 지도자들의 초상화 그리기에 몰두하기도 했다.

돌아온 탕자

맏아들은 밭에 있다가 돌아와 집에 가까이 왔을 때에 풍악과 춤추는 소리를 듣고 한 종을 불러 이 무슨 일인가 물은대 대답 하되 당신의 동생이 돌아왔으매 당신의 아버지가 건강한 그를 다시 맞아들이게 됨으로 인하여 살진 송아지를 잡았나이다 하니 그가 노하여 들어가고자 하지 아니하거늘 아버지가 나와서 권한대 아버지께 대답하여 이르되 내가 여러 해 아버지를 섬겨 명을 어김이 없거늘 내게는 염소 새끼라도 주어 나와 내 벗으로 즐기게 하신 일이 없더니 아버지의 살림을 창녀들과 함께 삼켜 버린 이 아들이 돌아오매 이를 위하여 살진 송아지를 잡으셨나이다 아버지가 이르되 얘 너는 항상 나와 함께 있으니 내 것이 다 네 것이로되 이 네 동생은 죽었다가 살아났으며 내가 잃었다가 얻었기로 우리가 즐거워하고 기뻐하는 것이 마땅하다 하니라.

[누가 15:25-32]

렘브란트, 〈탕자의 귀향〉, 1669, 캔버스에 유채, 262×206cm, 러시아 상트페테르부르크 헤르미타주 미술관

이 그림은 그 유명한 예수님의 탕자의 비유(누가복음 15장 11-32)를 렘브란트가 파란만장한 화가 자신의 생애를 돌아보며 회개하는 마음으로 그린 그의 최고의 걸작이다.

두 아들이 있었다. 둘째 아들이 아버지에게 자기 몫의 상속재산을 미리 달라고 했다. 그는 미리 받은 재산을 가지고 외국에 나가 흥청망청 탕진하더니 머지않아 거지만도 못한 신세가 되고 말았다. 둘째 아들은 돼지우리를 치우는 일로 겨우 하루하루를 연명하는 자신의 신세가 돼지만도 못할 만큼 비참하다고 느끼자 이렇게 사느니 차라리 아버지의 품꾼이라도 되는 게 낫겠다하여 집으로 돌아왔다.

한편, 아버지는 매일 아들이 언제 돌아오나 애타게 기다리고 있었다. 멀리서 아들의 모습이 보이자 아버지는 달려가 아들을 얼싸 안고 기뻐했다. 아버지는 돌아온 아들을 위해 송아지를 잡고 잔치를 벌였다. 밭에서 일하고 돌아온 큰아들은 동생의 귀환을 기뻐하기는커녕, 동생을 위해 잔치를 벌이는 아버지를 원망했다.

렘브란트는 젊어서부터 화가로 유명해지면서 많은 돈을 벌었지만, 곧 방탕한 생활에 빠지고 말았다. 그가 스물아홉 살에 그린 〈부부 자화상〉

을 보면, 그의 모습이 마치 매춘굴에서 술에 취해 창기의 엉덩이를 만지고 있는 듯하다.

하지만, 사치와 방탕의 나날은 그리 길지 못했다. 렘브란트에게 불행이 하나 둘 찾아오는데, 병으로 어린 아들을 잃더니 3년 뒤에는 큰 딸, 또 2년 뒤에는 작은 딸마저 잃고 말았다. 그리고 2년 뒤에는 아내 사스키아마저 세상을 등지고 말았다. 불행은 그치지 않았다. 새

램브란트, 〈부부 자화상〉, 1635∼1636, 캔버스에 유채, 161×131cm, 독일 드레스덴 츠빙어궁전

삶을 찾기 위해 재혼하지만 새 아내 사이에서 낳은 어린 아들을 잃더니 머지않아 또 다시 아내와도 사별하고 만다. 그리고 렘브란트가 그렇게 아끼던 첫 아내 사스키아 사이에서 낳은 아들 티투스마저 세상을 등지고 만다. 이 그림 〈탕자의 귀향〉은 티투스를 잃은 뒤 그린 것이다.

다시 그림을 보자. 작은 아들은 머리도 다 빠지고 옷도 신발도 헤졌다.

돌아온 아들의 등에 얹은 아버지의 두 손이 특별하다. 렘브란트는, 왼손은 억센 남자의 손으로, 오른 손은 여린 여자의 손으로 그렸다. 돌아 온 탕자를 따뜻하게 감싸 안고 모든 것을 용서하시는 하나님의 사랑을 렘브란트도 갈망했을 것이다. 그래서 왼손은 자신의 모든 시련을 해결해 주실 강한 능력의 손으로, 오른 손은 그의 모든 죄를 용서하시는 사랑의 손으로 그렸다. 빨간 망토를 걸친 아버지의 품이 너무 따뜻하고 포근하다. 그러나 늘 순종하며 집을 지키던 첫째 아들은 아버지와 함께 동생의 귀향을 반기지 못하고 어둠 속에서 애써 거리를 두고 있다.

교회에 열심히 나가고 헌금도 많이 내며 성경 지식까지 풍부한 이른바 '먼저 믿음의 사람이 된' 자들 중에는 뒤늦게 회개하고 돌아 온 탕자 같은 둘째 아들이 하나님의 은총을 받는 것을 그림 속 첫째 아들처럼 불편해 할 수 있다. 나는 일찍부터 하나님을 섬기고 하나님의 명을 어기지 않으며 살아왔는데, 나에게는 큰 복도 안 주시고 돌아온 탕자를 더 사랑하신다고 원망한다. 그렇다고 큰 죄를 짓고 회개하는 자들을 부러워할 수는 없지 않을까? 죄가 더 한 곳에 은혜가 넘쳤다고(롬 5:20) 죄에 거할 수(롬 6:1)는 없다. 둘째 아들이든 첫째 아들이든 그런 우리를 바라보시는 하나님의 눈은 고통으로 거의 장님이 되셨다. 그림의 아버지처럼. *Amen*

렘브란트, 〈자화상〉, 1665, 캔버스에 유채, 82×63cm, 독일 퀼른 발라프 리하르츠 박물관

나사로의 부활

예수께서 이르시되 돌을 옮겨 놓으라 하시니 그 죽은 자의 누이 마르다가 이르되 주여 죽은 지가 나흘이 되었으매 벌써 냄새가 나나이다 예수께서 이르시되 내 말이 네가 믿으면 하나님의 영광을 보리라 하지 아니하였느냐 하시니 돌을 옮겨 놓으니 예수께서 눈을 들어 우러러 보시고 이르시되 아버지여 내 말을 들으신 것을 감사하나이다 항상 내 말을 들으시는 줄을 내가 알았나이다 그러나 이 말씀 하옵는 것은 둘러선 무리를 위함이니 곧 아버지께서 나를 보내신 것을 그들로 믿게 하려 함이니이다 이 말씀을 하시고 큰 소리로 나사로야 나오라 부르시니 죽은 자가 수족을 베로 동인 채로 나오는데 그 얼굴은 수건에 싸였더라 예수께서 이르시되 풀어 놓아 다니게 하라 하시니라.

[요한 11:39-44]

지오토 디 본도네, 〈나사로의 부활〉, 1304∼6, 프레스코, 200×185cm, 이탈리아 파두아 아레나 성당

예수님은 나사로 남매들과 절친한 사이였는데, 어느날 나사로가 병들어 죽게 되었다는 소식을 들으셨다. 그러나 예수님은 바로 가지 않으시고 이틀을 지체하시다가 나사로가 죽은 지 나흘이나 지나 그의 시신이 썩은 내가 날 때야 도착하셨다. 나사로의 누이동생 마르다는 예수님께서 일찍 오셨더라면 오라비 나사로가 죽지 않았을 것이라고 예수님께 투정을 부렸다. 이에 대해 예수님은 나사로가 다시 살아날 것이라고 하셨다.

예수님은 죽은 나사로를 보시며 눈물을 흘리시더니, 무덤을 막은 돌을 치우라고 하셨다. 그리고 "나사로야 나오라"라고 말씀하셨다. 그러자 나사로가 베로 감겨진 채로 걸어 나왔다(요 11:1-44).

르네상스 미술의 선구자 지오토는 바로 이 요한복음 11장의 장면을 그렸다. 화면 왼쪽에 제자를 이끌고 서 계신 예수님이 오른 손을 들어 나사로의 부활을 명령하고 계신다. 예수님의 발 앞에 마르다와 마리아가 엎드려 경배를 드리고 있고, 바위굴 앞에 베로 감겨진 채로 걸어 나온 나사로의 얼굴에는 시체의 징후가 느껴진다. 화면 오른쪽 아래에는 인부들이 시체를 덮었던 석판을 치우고 있다. 사람들은 코를 막고 있는데, 시체 썩은 내가 났다는 성경의 기록을 묘사한 것이다. 여러 곳에서 온 장례식 참석

자들은 놀라서 웅성거리며 손을 쳐들고 살아난 나사로를 보려 하고 있다.

예수님은 왜 지체하셨을까? 당시 유대인들은 사람이 죽어 사흘이 지나야 영혼이 완전히 육체를 떠난다고 믿었다. 예수님은 당신이 생명과 부활의 주권자임에 이론의 여지가 없음을 확증하기 위해서 나흘을 지체하신 것이다. 우리는 살아가면서 주님이 왜 지체하시는지 모를 때가 있다. 그러나 주님은 언제나 아주 확실한 '하나님의 때'에 최종의 승리를 준비하시고 우리에게 나오라고 부르신다. *Amen*

지오토 디 본도네 Giotto di Bondone, 1267~1337

서양문화사에서는 이탈리아 르네상스를 태동시킨 3인으로 '문인' 단테, '예인' 지오토, '성인' 프란체스코를 꼽는다. 단테는 〈신곡〉으로 인간을 노래했고, 지오토는 매우 사실적으로 인간을 그렸으며, 성 프란체스코는 인간의 삶을 사신 예수님의 발자취를 따랐다. 이들의 교집합으로 '인간'이 겹쳐지는데, 그래서 인간성의 회복을 주창했던 문예부흥운동인 르네상스를 말할 때 이들 세 명이 함께 등장하는 것이다. 지오토는 예수님의 고통을 따르고자 했던 성 프란체스코가 예수님의 다섯 상처(성흔)를 받는 장면을 그렸는데, 이 작품은 서로 다른 시대를 살았던 위대한 예술가와 성인이 예수님을 통해 아주 가까이 교감했음을 보여준다.

지오토 디 본도네, 〈성흔을 받는 성 프란체스코〉, 1295, 패널에 유채, 313×163cm, 프랑스 파리 루브르 박물관

최후의 만찬

저물 때에 예수께서 열두 제자와 함께 앉으셨더니
그들이 먹을 때에 이르시되 내가 진실로 너희에게
이르노니 너희 중의 한 사람이 나를 팔리라 하시니
그들이 몹시 근심하여 각각 여쭈오되 주여 나는 아
니지요 대답하여 이르시되 나와 함께 그릇에 손을
넣는 그가 나를 팔리라.
그들이 먹을 때에 예수께서 떡을 가지사 축복하시
고 떼어 제자들에게 주시며 이르시되 받아서 먹으
라 이것은 내 몸이니라 하시고 또 잔을 가지사 감
사 기도 하시고 그들에게 주시며 이르시되 너희가
다 이것을 마시라 이것은 죄 사함을 얻게 하려고
많은 사람을 위하여 흘리는 바 나의 피 곧 언약의
피니라.

[마태 26:20-23, 26-28]

레오나르도 다빈치, 〈최후의 만찬〉, 1495~98, 석고에 템페라와 유채, 460×880cm, 이탈리아 밀라노 성 마리아 대성당

예수님이 십자가에서 죽음을 당하시기 전 유월절을 맞아 제자들과 마지막 만찬을 하는 장면이다. "너희 중에 나를 팔 자가 있다"라고 말씀하시자 제자들이 깜짝 놀라는 순간(마태복음 26장 21-22절)을 그렸다. 최후의 만찬의 등장인물은 예수님과 열두 제자다. 왼쪽부터 나다나엘, 세베대의 야고보(요한의 형), 안드레(베드로의 동생), 가룟 유다, 시몬 베드로, 사도 요한, 예수, 도마, 알패오의 야고보(다대오의 유다의 형제), 빌립, 레위 마태, 다대오의 유다, 시몬이다. 예수님이 십자가에서 돌아가시기 전에 제자들과 마지막 식사를 하시며 자신의 몸과 피를 기억하라고 하신 장면이다.

다빈치가 이 그림을 그린 이면에 재미있는 일화가 전해진다. 로마 교황청의 주문으로 〈최후의 만찬〉을 그리게 된 다빈치는 우선 예수님의 모델로 깨끗하고 선하게 생긴 열아홉 살의 젊은이를 찾아서 그를 모델삼아 예수님을 그렸다. 이어서 열한 명의 제자를 모두 다 그리는 데 무려 6년이 걸렸다. 그리고 이제 마지막으로 한 명이 남았는데, 바로 예수님을 밀고한 배반자 가룟 유다였다. 다빈치는 가룟 유다의 모델을 찾아다니다가 사형을 기다리던 로마 지하감옥의 죄수 중에서 악인의 상징 같은 얼굴을 발견하고 그를 모델로 그렸다. 그림을 완성하고 난 뒤에 그 죄수가 다빈치에게 자신을 모르겠냐고 물었다. 그는 바로 6년 전 예수님의 모델인 청년이었다. 그렇게 선하고 성스럽던 얼굴의 청년이 불과 6년 만에 살인마의 얼굴로 변한 것이다. 그 후로 다빈치는 두 번 다시 예수님의 얼굴을 그리지 못했다고 한다.

선인이 악인이 될 수 있고 선한 마음과 악한 마음을 동시에 갖기도 하는 것이 우리 인간이다. 아무리 믿음이 두텁고 평생 올바른 삶을 살아왔다고 해도 죄로부터 자유로울 수 있는 사람은 없다. 지금은 선하더라도 나중에는 어찌 될지 모르는 게 인간의 운명이기에, 스스로 잠재적 죄인임을 인정하고 자신을 겸허하게 들여다보는 마음이 중요하다. *Amen*

레오나르도 다빈치 Leonardo di ser Piero da Vinci 1452~1519

다빈치는 이탈리아의 '빈치'라는 작은 마을의 부유한 공증인의 사생아로 태어났다. 적자였다면 아버지를 따라 공증인이 되었겠지만, 당시 피렌체의 대가로 인정받던 베로키오의 도제로 들어가면서 화가의 길을 택했다. 다빈치는 허드렛일을 하며 그림공부를 하던 중 스승의 그림에 작은 천사나 배경을 그려 넣는 작업을 하게 되었는데, 그가 그린 그림이 너무 뛰어나 충격을 받은 스승 베로키오는 그 후로 그림을 그리지 않고 조각에 전념했다고 한다. 다빈치는 미술뿐 아니라 건축, 수학, 기계, 의학 등 거의 모든 분야에서 천재적인 능력을 발휘했다. 세상에서 가장 유명한(!) 그림인 〈모나리자〉 때문에 그의 다른 작품들이 외면 받는 경우가 종종 있는데, 〈성 안나와 함께 있는 마리아와 예수〉 〈세례자 성 요한〉 〈암굴의 성모〉 등의 성화는 특히 역작으로 꼽힌다.

겟세마네의 기도

그들이 겟세마네라 하는 곳에 이르매 예수께서 제자들에게 이르시되 내가 기도할 동안에 너희는 여기 앉아 있으라 하시고 베드로와 야고보와 요한을 데리고 가실새 심히 놀라시며 슬퍼하사 말씀하시되 내 마음이 심히 고민하여 죽게 되었으니 너희는 여기 머물러 깨어 있으라 하시고 조금 나아가사 땅에 엎드리어 될 수 있는 대로 이 때가 자기에게서 지나가기를 구하여 이르시되 아빠 아버지여 아버지께는 모든 것이 가능하오니 이 잔을 내게서 옮기시옵소서 그러나 나의 원대로 마시옵고 아버지의 원대로 하옵소서 하시고 돌아오사 제자들이 자는 것을 보시고 베드로에게 말씀하시되 시몬아 자느냐 네가 한 시간도 깨어 있을 수 없더냐 시험에 들지 않게 깨어 있어 기도하라 마음에는 원이로되 육신이 약하도다 하시고.

[마가 14:32-38]

알브레히트 알트도르퍼, 〈겟세마네 동산의 예수님〉, 1518, 패널에 유채, 129×94cm, 오스트리아 린츠 장크트 플로리안 대성당

오스트리아 린츠 인근에는 1518년에 건설된 장크트 플로리안 대성당이 있는데, 이곳에 독일 화가 알브레히트 알트도르퍼가 그린 제단화가 있다. 성 세바스찬의 생애를 그린 덮개를 양쪽으로 열면 여덟 점의 예수님 수난화가 나온다.

상단에 있는 어둠 속 예수님의 수난 그림 네 점은 하단에 있는 네 점의 대낮 장면과 대비를 이루며 더욱 깊은 감정을 우러나게 한다. 겟세마네 동산에서 기도하시는 예수님을 담은 이 그림은, 그리스도 수난 연작 중에서도 가장 훌륭한 걸작으로 꼽는다.

밤하늘의 깊은 어둠 사이로 붉게 충혈된 하늘이 발산하는 색채가 침울하다 못해 처절하게까지 느껴진다. 이 광경은 화면 아래쪽에 잠들어 있는 세 명의 제자인 베드로, 야고보, 요한의 모습과 극적인 대비를 이룬다. 화가는 종유석이 보이는 으스스한 동굴에서 쓰러질듯 불안정한 자세로 피눈물을 흘리며 기도하시는 예수님의 고통을 하늘에서 오는 근원적인 고통으로 승화시켰다.

이 그림을 묵상하고 있으면 예수님의 고통이 그대로 온 몸에 전해진다. 주님은 우리의 죄로 인해 고통 받으시며 우리를 구원하셨다. "내 마음이 심히 고민하여 죽게 되었으니 너희는 여기 머물러 깨어 있으라"(마가 14:32). 그런데 우리는 여전히 잠에 취해 있으니…… *Amen*

오스트리아 린츠 장크트 플로리안 대성당에 있는 알트도르퍼의 예수님의 수난 제단화

알브레히트 알트도르퍼 Albrecht Altdorfer, 1480~1538

독일 레겐스부르크 출신 화가로, 순수하게 자연만을 그린 풍경화를 추구했던 최초의 미술가들의 모임인 도나우파를 이끌었다. 16세기까지는 풍경을 회화의 독립적인 주제로 여기지 않았는데, 풍경 외에 다른 주제를 담지 않고 풍경 본연의 모습에 천착했던 알트도르퍼는 풍경화에 독립적인 가치를 부여한 선구적 화가로 불린다. 그는 종교화와 역사화에도 능했는데, 〈알렉산드로스의 이수스 전투〉와 예수님의 수난을 그린 제단화를 그의 최고 걸작으로 꼽는다.

유다의 키스

말씀하실 때에 열둘 중의 하나인 유다가 왔는데 대
제사장들과 백성의 장로들에게서 파송된 큰 무리가
칼과 몽치를 가지고 그와 함께 하였더라 예수를 파
는 자가 그들에게 군호를 짜 이르되 내가 입맞추는
자가 그이니 그를 잡으라 한지라 곧 예수께 나아와
랍비여 안녕하시옵니까 하고 입을 맞추니 예수께
서 이르시되 친구여 네가 무엇을 하려고 왔는지 행
하라 하신대 이에 그들이 나아와 예수께 손을 대어
잡는지라 예수와 함께 있던 자 중의 하나가 손을 펴
칼을 빼어 대제사장의 종을 쳐 그 귀를 떨어뜨리니
이에 예수께서 이르시되 네 칼을 도로 칼집에 꽂으
라 칼을 가지는 자는 다 칼로 망하느니라.

[마태 26:47–52]

지오토 디 본도네, 〈유다의 키스〉, 1304~6, 프레스코, 185×200cm, 이탈리아 파두아 아레나 성당

지오토 이전의 화가들은 평면적으로 그렸으나 지오토는 사실적인 묘사로 입체감을 표현하여 회화사의 줄기를 바꾸었다. 그래서 지오토로부터 근대 회화가 열렸고 르네상스 미술이 시작되었다고 하는 것이다. 이전의 성화들과는 달리 지오토는 그림 속 등장인물들의 표정을 그 당시 보통 사람들의 모습처럼 자연스럽게 묘사함으로써, 성경의 내용에 사실감을 불어넣었다.

지오토는 유다의 입맞춤을 신호로 예수님이 잡히시는 극적인 장면을 그렸다. 화면 오른쪽 앞에 황금색 술이 달린 자줏빛 가운을 입은 사람이 대제사장이다. 그는 예수님을 손가락으로 가리키며 이 사람을 잡으라고 군사들에게 명하고 있다. 창과 횃불이 난무하고 모든 사람들의 표정이 험악하다. 단지 예수님의 표정만 온화하다. 심지어 머리에 후광이 빛나는 베드로마저 험궂은 표정을 지으며 칼로 앞 사람의 귀를 자르고 있다. 화면의 중앙에는 예수님과 입맞춤하는 유다가 있다. 탐욕스러운 유다의 황금색 가운이 예수님을 가리고 있다. 유다의 황금색 가운은 물질과 명예욕을 상징한다.

유다의 키스는 가증스런 입맞춤이다. 탐욕을 버리지 못하는 우리의 삶이 유다의 키스와 겹쳐진다.

이 그림은, 인간이 지은 최초
의 범죄가 살인이듯이 우리에
게 내재되어 있는 폭력성과 탐
욕을 드러내고 있다. 폭력성과
탐욕은 사람들 위에 난무하는
칼들로 표현되어 있다. 주님은
우리에게 이제 그만 칼을 내려
놓으라고 말씀하신다. *Amen*

지오토가 그린 것보다 빠른 시기(1290년대)에 프레
스코로 제작된 〈유다의 키스〉(작자 미상). 지오토는
이 그림의 영향을 받아 〈유다의 키스〉를 그리지 않
았을까 추측된다. 이탈리아 아시시에 있는 성 프란
체스코 성당에 보관되어 있다.

"칼을 가지는 자는
다 칼로 망하느니라."

[마태 26:52]

십자가의 예수님

그들이 예수를 십자가에 못 박은 후에 그 옷을 제비 뽑아 나누고 거기 앉아 지키더라 그 머리 위에 이는 유대인의 왕 예수라 쓴 죄패를 붙였더라 이 때에 예수와 함께 강도 둘이 십자가에 못 박히니 하나는 우편에, 하나는 좌편에 있더라.
제구시쯤에 예수께서 크게 소리 질러 이르시되 엘리 엘리 라마 사박다니 하시니 이는 곧 나의 하나님 나의 하나님 어찌하여 나를 버리셨나이까 하는 뜻이라.

[마태 27:35-38, 46]

조르주 앙리 루오, 〈십자가의 예수님〉, 1936, 아쿠아틴트, 78×57.3cm, 미국 캘리포니아 성 마리아대학교 미술관

하늘도 어둡고 배경 풍경도 음침하며 십자가의 윤곽도 검은색이다. 그래서 관람자의 시선을 비교적 밝은 예수님의 얼굴과 몸으로 집중시킨다. 하늘에 붉은 빛이 도는 것으로 봐서, 황혼을 그린 것인지 여명을 그린 것인지는 알 수 없다. 이 그림이 황혼 저녁을 그린 것이라면 죽음의 어둠 속으로 사라져가는 예수님의 삶과 그 위에 파랗게 뜨는 부활의 소망을 그린 것이다. 이 그림이 새벽 여명을 그린 것이라면 어두운 세상에서 부활하신 예수님을 향한 기쁨 속에서도 예수님의 고통을 잊지 말라는 메시지다. 이 그림은 조르주 앙리 루오가 예수님의 고통에 진심을 다해 공감하고 있고, 또 어둠 속에서도 예수님이 가져온 구원의 확신을 나타낸 걸작이다.

십자가 왼쪽에는 막달라 마리아가 무릎을 꿇고 기도하고 있다. 십자가 오른쪽에는 푸른 옷을 입은 예수님의 어머니 마리아가 슬픔으로 고개를 숙이고 있고, 그 옆의 요한은 고개를 들어 예수님을 바라보고 있다. 예수님은 고개를 반쯤 기울인 얼굴에 알 수 없는 표정으로 아래를 향하여 두 눈을 감고 있다. 화가들이 그려온 일반적인 예수님의 표현법은 아니다. 이 그림에서 루오는 무엇을 말하려고 한 걸까? 루오는 그만의 언어로 이렇게 십자가의 메시지를 전달한다. 기도하는 마리아의 무릎으로 '믿음'을, 예수님을 향한 요한의 시선으로 '소망'을, 어머니의 슬픈 가슴으로 '사랑'을. *Aar*

조르주 앙리 루오, 〈모욕 당하는 예수님〉, 1930,
캔버스에 유채, 68×49cm, 프랑스 트루아 현대 미술관

조르주 앙리 루오 Georges Henri Rouault, 1871~1958

조르주 앙리 루오는 현대 서양 화단에서 경건한 종교화를 그린 몇 안 되는 화가 중 하나다. 그는 파리의 가난한 가정에서 태어났으나 일찍부터 그의 예술적 재능을 알아본 신앙심 깊은 어머니의 격려 속에 유리공예가의 도제로 들어가 예술가로서의 인생을 시작했다. 그의 이런 경험은 검은 테두리를 하고 그 속을 강렬한 원색으로 채우는 스테인드글라스 같은 매우 독특한 화풍을 만들었다. 그는 특히 예수님을 많이 그렸는데, 그의 진하고 두꺼운 검정 윤곽선은 예수님을 암울하게 묘사했다는 오해를 불러 일으켰다. 루오는 깊은 신앙심에도 불구하고 거의 평생 동안 교회로부터 배척을 받아 오다 말년에야 비로소 오해를 풀고 교회의 인정을 받았다.

십자가에서 내림

아리마대 사람 요셉은 예수의 제자이나 유대인이
두려워 그것을 숨기더니 이 일 후에 빌라도에게 예
수의 시체를 가져가기를 구하매 빌라도가 허락하는
지라 이에 가서 예수의 시체를 가져가니라 일찍이
예수께 밤에 찾아왔던 니고데모도 몰약과 침향 섞
은 것을 백 리트라쯤 가지고 온지라 이에 예수의 시
체를 가져다가 유대인의 장례 법대로 그 향품과 함
께 세마포로 쌌더라 예수께서 십자가에 못 박히신
곳에 동산이 있고 동산 안에 아직 사람을 장사한 일
이 없는 새 무덤이 있는지라 이 날은 유대인의 준비
일이요 또 무덤이 가까운 고로 예수를 거기 두니라.

[요한 19:38-42]

로히에르 반 데르 베이덴, 〈십자가에서 내림〉, 1435, 패널에 유채, 220×262cm, 스페인 마드리드 프라도 미술관

아리마대 요셉이 예수님을 십자가에서 내리는 요한복음 19:38~39의 장면은 인류사 전체를 통틀어 가장 울림이 큰 감동의 순간이 아니었을까. 그래서인지 서양미술사에 이름을 올린 수많은 화가들은 이 장면을 놓치지 않고 캔버스에 담았다. 그 중에서도 플랑드르의 화가 로히에르 반 데르 베이덴이 그린 〈십자가에서 내림〉은 미술사적으로도 지대한 가치를 남긴 걸작으로 꼽힌다.

가로 폭이 2m가 훨씬 넘는 이 그림은 원래 성당 제단화로 제작되었는데 제단화치고는 그 화폭이 거대하다. 그 당시 주로 작은 크기의 그림을 그렸던 플랑드르 출신 화가들의 작품에 견줘 봐도 퍽 이례적이다. 대작답게 등신대의 인물 묘사가 한층 사실적이다.

화면의 중앙에 예수님의 몸을 수염 난 아리마대 요셉과 니고데모가 받치고 있다. 그 아래 파란 옷을 입은 성모 마리아가 붉은 옷을 입은 요한의 부축을 받고 있는데, 바닥에 거의 스러져 있다. 반대편 오른쪽에는 막달라 마리아가 참회의 자세로 그림의 대칭 구조를 완성시키고 있다. 그림 앞에는 죽은 사람의 해골과 뼈가 있어 이곳이 골고다 언덕임을 알리고 있다.

성당의 제단화이므로 이 그림이 제작되었을 당시에는 그림 앞에 제단이 있었을 것이다. 이 제단에서 성찬식을 행할 때 집전자가 빵과 포도주를 높이 들어 올리면 회중들은 그림 속 예수님의 몸에 바로 겹쳐지는 성찬을 보며 예수님의 몸과 피를 받는 영적 감동을 온몸으로 느꼈을 것이다. 그리고, 부드러운 언약의 말씀을 들었을 것이다.

"이것은 많은 사람을 위하여 흘리는 나의 피 곧 언약의 피니라."

[마가 14:24]

로히에르 반 데르 베이덴 Rogier van der Weyden, 1400~1464

지금의 벨기에에 속하는 플랑드르의 투르네에서 태어났다. 청년 시절 투르네 화가조합에 가입하면서 예술가의 길을 걷기 시작했다. 브뤼헤 출신의 거장 얀 반 에이크의 영향으로 섬세한 사실주의 기법에 우아함을 더한 화풍으로 주목 받으며 브뤼셀시의 공식화가로 임명되기도 했다. 그의 작품 중에는 특히 '예수님의 수난'을 주제로 한 제단화들이 유명하다. 하지만, 그가 남긴 작품들에 비해 화가의 삶에 대해서는 세인들로부터 주목 받지 못했다. 그 때문인지 그의 작품이 다른 화가의 작품으로 오인 받는 경우가 적지 않았다. 20세기 들어 유럽의 미술계를 중심으로 베이덴의 작품세계가 재조명되면서 플랑드르 르네상스의 중요한 화가로 인정 받게 되었다. 〈독서하는 막달라 마리아〉〈성모를 그리는 성 누가〉〈땅 속에 묻히시는 예수님〉 등 걸작으로 손꼽히는 성화가 여럿 전해진다.

로히에르 반 데르 베이덴, 〈땅 속에 묻히시는 예수님〉, 1450, 패널에 유채, 110×96cm, 이탈리아 피렌체 우피치 미술관

피에타

때가 제육시쯤 되어 해가 빛을 잃고 온 땅에 어둠이
임하여 제구시까지 계속하며 성소의 휘장이 한가운
데가 찢어지더라 예수께서 큰 소리로 불러 이르시
되 아버지 내 영혼을 아버지 손에 부탁하나이다 하
고 이 말씀을 하신 후 숨지시니라 백부장이 그 된
일을 보고 하나님께 영광을 돌려 이르되 이 사람은
정녕 의인이었도다 하고 이를 구경하러 모인 무리
도 그 된 일을 보고 다 가슴을 치며 돌아가고 예수
를 아는 자들과 갈릴리로부터 따라온 여자들도 다
멀리 서서 이 일을 보니라.

[누가 23:44-49]

미켈란젤로 부오나로티, 〈피에타〉, 1499, 대리석, 174×195cm, 바티칸 성 베드로 성당

인류 역사상 가장 위대한 예술작품으로 레오나르도 다빈치의 〈최후의 만찬〉 그리고 미켈란젤로의 〈천지창조〉와 〈피에타〉를 꼽는데 이의를 제기할 사람은 많지 않을 것이다. 이들 세 작품은 이탈리아 르네상스를 완성한 거장들의 작품으로, 모두 성경을 주제로 하고 있다.

〈천지창조〉와 〈최후의 만찬〉이 작품의 크기만큼 어마어마한 경외감을 일으키는 대작이라면, 〈피에타〉는 고통을 넘어서는 천상의 아름다움을 조각한 작품이다. '피에타(Pieta)'에는 슬픔을 공감한다는 뜻이 담겨 있는데, 일반적으로 성모 마리아가 예수님의 시신을 안고 있는 장면을 그린 그림이나 조각을 가리킨다. 미켈란젤로를 비롯한 수많은 예술가들이 피에타를 소재로 작품을 남겼다.

미켈란젤로의 〈피에타〉는 이전의 피에타 작품들과 큰 차이가 있다. 성모 마리아는 쉰 살이 다 되었는데도 거의 소녀 같은 모습이다. 예수님의 육체도 상처 받고 죽은 시체인데도 건장하고 아름답다. 미켈란젤로는 동정녀는 늙지도 않고 순수한 아름다움을 지녀야 하고, 예수님은 원죄가 없으셔서 완벽한 육체를 지녀야 한다고 믿었다.

미켈란젤로는 〈피에타〉를 스물네 살이란 젊은 나이에 완성했다. 작품이 너무 완벽했기 때문에, 사람들은 처음에 이 젊은 예술가의 솜씨라고는 도저히 믿을 수가 없었다. 그래서 미켈란젤로는 성모의 옷고름에 자신의 이름을 새겨 넣었는데, 곧 후회했다고 한다. 예수님은 눈 먼 사람이 앞을 보게 하시고 나사로를 살리시고도 그 어디에도 당신의 이름을 남기지 않으셨는데, 자신은 한낱 조각품을 만들고 사람들이 알아주지 않는 것이 안타까워 작품에 이름을 새긴 것을 부끄러워하며 회개한 것이다. 미켈란젤로는 이후 어떤 작품에도 이름을 새기지 않았다고 한다.

미켈란젤로의 회개는 우리에게 깊은 울림을 준다. 그는 최고의 예술가였지만, 자신의 이름을 남기려는 공명심을 몹시 부끄러워했다. 그런데 우리는 아주 작은 선행도 남이 알아주길 바라고, 또 자신의 신앙심이 높게 드러나길 원한다. 하지만 하나님은 겸손한 자에게 은혜를 주신다(야고보 4:6).

피에타의 메시지는 '긍휼히 여김'이다. 예수님의 어머니 마리아는 아들의 죽음을 긍휼히 여기고(요한 19:25-26), 예수님은 백성들을 긍휼히 여기시고(마태 9:36, 마가 6:34), 하나님은 모든 만물과 우리를 긍휼히 여기신다(누가 1:54). 긍휼히 여기는 피에타! 우리의 마음이 피에타로 가득차지 않는다면 예수님의 마음을, 하나님의 마음을 이해하지 못할 것이다. 하나님의 마음으로, 예수님의 마음으로 세상의 모든 약자를 불쌍히 여기는 삶이야말로 하나님의 뜻을 섬기고 전파하는 것이다. *Amen*

부활하시는 예수님

안식일이 다 지나고 안식 후 첫날이 되려는 새벽에 막달라 마리아와 다른 마리아가 무덤을 보려고 갔더니 큰 지진이 나며 주의 천사가 하늘로부터 내려와 돌을 굴려 내고 그 위에 앉았는데 그 형상이 번개 같고 그 옷은 눈 같이 희거늘 지키던 자들이 그를 무서워하여 떨며 죽은 사람과 같이 되었더라 천사가 여자들에게 말하여 이르되 너희는 무서워하지 말라 십자가에 못 박히신 예수를 너희가 찾는 줄을 내가 아노라 그가 여기 계시지 않고 그가 말씀 하시던 대로 살아나셨느니라 와서 그가 누우셨던 곳을 보라.

[마태 28:1-6]

피에로 델라 프란체스카, 〈부활하시는 예수님〉, 1463, 프레스코와 템페라, 225×200cm, 이탈리아 산세폴크로 시립미술관

산세폴크로(Sansepolcro)는 '예수님의 무덤'이라는 뜻이다. 전하는 바에 따르면 10세기경 순례자들이 이곳으로 와 교회를 세우고 마을을 이뤘다고 한다. 이 그림에서 예수님이 부활의 신호로 들고 계신 깃발은 십자군의 상징이며 산세폴크로 마을 문장기다. 제2차 세계대전 때 이곳으로 진격한 연합군의 장교 앤서니 클라크는 폭격 명령을 받았으나 〈멋진 신세계〉의 작가 올더스 헉슬리가 세상에서 가장 위대한 그림이 산세폴크로에 있다고 쓴 글을 떠올리고 폭격을 하지 않았다. 앤서니 클라크가 군대를 이끌고 마을로 들어가 보니 이미 적들은 떠나고 아무도 없었다고 한다.

화가 피에로 델라 프란체스카는 두 기둥을 그리고 그 틀 안에 치밀하고 안정된 삼각형 구도로 인류 역사에서 가장 큰 사건을 담았다. 정작 복음서에는 예수님께서 부활하신 순간에 관한 구체적인 기록이 없다. 마리아는 빈 무덤을 보았을 뿐이다. 마태복음에 기록된 대로 지진이 나고 사람들이 날뛰는 요란함 대신, 프란체스카는 사람들이 모두 잠든 새벽에 예수님께서 홀로 조용히 부활하시는 장면을 그렸다. 그 중요한 순간을 알아채지 못하고 잠에 빠져 있는 네 명의 병사 중 하나에 화가 자신의 얼굴을 그려 넣었다. 아마도 깨어있지 못하는 자신을 참회하며 이 그림을 그렸으리라. 그런데, 배경이 이상하다. 예수님의 양쪽 배경이 완전히 다르다. 예수님 왼쪽 풍경은 나무가 앙상하고 황량한 겨울 풍경이다. 오른쪽은 잎이 무성하고 생기가 넘치는 봄 풍경이다. 예수님께서 부활하기 전에 황량하던 우리 삶이 예수님의 부활로 인해 생명이 넘치는 세상이 된 것이다.

이 그림을 묵상하고 있으면, 주님의 부활이 우리에게 얼마나 큰 생명이고 감사인지 가슴으로 느끼게 된다. 예수님께서 부활하셔서 우리에게 부활의 소망을 주시고 떠나시니 예수님의 약속이 이루어진다. *Amen*

"내가 세상 끝날까지 너희와 항상 함께 있으리라."

[마태 28:20]

피에로 델라 프란체스카 Piero della Francesca, 1416~1492

이탈리아 산세폴크로에서 태어난 피에로 델라 프란체스카는 피렌체에서 미술공부를 한 뒤 로마와 아레초 등을 돌아다니며 주로 교회의 벽에 프레스코화를 그렸다. 피에로는 특정 화파에 속하지 않고 독창적인 기법을 구사했는데, 〈콘스탄티누스 대제의 꿈〉이라는 작품에서 서양미술사 최초로 밤 장면을 창안했다. 〈예수님의 책형〉에서는 전경과 후경의 대비를 통한 원근법 사용이 주목을 끌었다. 전경에 배치된 세 명은 후경에 채찍질 당하는 예수님의 고통을 알지 못하는 것처럼 묘사했는데, 훗날 이 세 명의 존재가 많은 의문을 낳기도 했다. 피에로는 『회화의 원근법에 대하여』라는 미술이론서를 펴내 르네상스 미술과 건축에 많은 영향을 끼쳤다. 또 화가로서는 드물게 수학에 조예가 깊었던 그는, 다면체의 연구 등을 통해 수학에도 큰 업적을 남겼다.

바울의 회심

사울이 주의 제자들에 대하여 여전히 위협과 살기가 등등하여 대제사장에게 가서 다메섹 여러 회당에 가져갈 공문을 청하니 이는 만일 그 도를 따르는 사람을 만나면 남녀를 막론하고 결박하여 예루살렘으로 잡아오려 함이라 사울이 길을 가다가 다메섹에 가까이 이르더니 홀연히 하늘로부터 빛이 그를 둘러 비추는지라 땅에 엎드러져 들으매 소리가 있어 이르시되 사울아 사울아 네가 어찌하여 나를 박해하느냐 하시거늘 대답하되 주여 누구시니이까 이르시되 나는 네가 박해하는 예수라 너는 일어나 시내로 들어가라 네가 행할 것을 네게 이를 자가 있느니라 하시니 같이 가던 사람들은 소리만 듣고 아무도 보지 못하여 말을 못하고 서 있더라 사울이 땅에서 일어나 눈은 떴으나 아무 것도 보지 못하고 사람의 손에 끌려 다메섹으로 들어가서 사흘 동안 보지 못하고 먹지도 마시지도 아니하니라.

[사도행전 9:1-9]

카라바조, 〈바울의 회심〉, 1601, 캔버스에 유채, 230×175cm, 이탈리아 로마 산타 마리아 델 포폴로 성당

사도행전 9:1-9는 예수님의 추종자들을 죽이기 위해 살기등등했던 사울이 다메섹으로 가는 길에 극적으로 예수님을 만나 그리스도의 사도가 되는 장면이다. 수많은 화가들이 이 장면을 소재로 작품을 남겼다. 그런데 누구보다도 불경한 삶을 살았던 화가 카라바조의 작품에서 유독 묵상이 깊어짐은 어찌된 일인가?

하늘에서 내려온 강한 빛에 눈이 먼 사울이 말에서 떨어져 쓰러졌다. 그리고 예수님의 음성이 들렸다. "사울아 사울아 네가 어찌하여 나를 박해하느냐?" 그림에 등장하는 모두의 시선이 의미 있다. 사울의 눈은 이미 감겨 있다. 마부의 시선은 주님의 역사가 어떻게 이어지는지 관찰하는 관람자의 시선이다. 주님의 출현에 동물인 말조차도 순종의 시선을 거두지 못하고 있다. 땅에 누워 있는 사울은 두 팔을 벌려 주님의 영광과 말씀을 받고 있다.

많은 화가들이 이 장면을 그렸지만 유독 카라바조의 그림이 특별하게 다가오는 이유는, 누워 있는 사울 위로 느껴지는 말의 위압감 때문이다. 말의 무게와 말발굽이 금방이라도 사울의 생명을 앗을 수 있을 정도로 공포와 위기감을 자아내고 있다. 카라바조는, 사울이 예수님을 만나서 영적 목숨을 잃은 뒤 다시 새로운 바울로 태어나는 장면을 마치 관람자의 눈앞에서 벌어지는 것처럼 매우 사실적으로 형상화한 것이다.

엘 그레코, 〈사도 바울〉, 1610~14, 캔버스에 유채, 97×77cm, 스페인 톨레도 엘 그레코 박물관

누구든 바울처럼 예수님의 목소리를 듣는 극적인 회심경험을 하면 그처럼 강한 믿음의 사도가 되었을 것이라고 생각하기 쉽다. 하지만 성경을 보면 바울은 다메섹으로 가는 도중 회심사건이 있은 지 십여 년이 지나서야 비로소 소명에 따른 전도를 시작했다. 베냐민지파로 평생 유대 신앙 교육을 받아왔고, 율법학자 가말리엘 문하에서 랍비가 되었을 정도로 성경 지식에 정통하던 바울도 바로 소명을 수행하지는 못했다.

예수님을 바로 볼 수 있기 위해 눈이 멀었고, 일어나 가라는 주님의 명령을 받기 위해 말에서 떨어져야만 했으며, 십여 년이나 고향 다소(Tarsus)에 엎드려 있었던 바울을 통해 우리는 회심과 소명에 대해 더욱 깊은 묵상을 하게 된다. *Amen*

의심하는 도마

열두 제자 중의 하나로서 디두모라 불리는 도마는 예수께서 오셨을 때에 함께 있지 아니한지라 다른 제자들이 그에게 이르되 우리가 주를 보았노라 하니 도마가 이르되 내가 그의 손의 못 자국을 보며 내 손가락을 그 못 자국에 넣으며 내 손을 그 옆구리에 넣어 보지 않고는 믿지 아니하겠노라 하니라 여드레를 지나서 제자들이 다시 집 안에 있을 때에 도마도 함께 있고 문들이 닫혔는데 예수께서 오사 가운데 서서 이르시되 너희에게 평강이 있을지어다 하시고 도마에게 이르시되 네 손가락을 이리 내밀어 내 손을 보고 네 손을 내밀어 내 옆구리에 넣어 보라 그리하여 믿음 없는 자가 되지 말고 믿는 자가 되라 도마가 대답하여 이르되 나의 주님이시요 나의 하나님이시니이다 예수께서 이르시되 너는 나를 본 고로 믿느냐 보지 못하고 믿는 자들은 복되도다 하시니라.

[요한 20:24-29]

카라바조, 〈의심하는 도마〉, 1601~2, 캔버스에 유채, 107×146cm, 독일 포츠담 산수시 궁전

힘없이 돌아가신 예수님을 뒤로하고 도망 다니며 흩어져 겁에 질려 있던 제자들이 부활하신 예수님을 만나고 기쁨으로 활기찬 믿음을 나누는 자리에 도마는 없었다. 동료들이 확신과 기쁨에 차 있을 때에도 유독 도마는 예수님의 상처에 직접 손을 넣어 보지 않고는 믿지 못하겠다고 했다. 그런 도마 앞에 나타나신 예수님께서, 도마에게 네 손을 당신의 옆구리 상처에 넣어보고 믿는 자가 되라고 하셨다. 그러자 도마는 "나의 주님이시요 하나님이시라"는 요한복음 최고의 신앙 고백을 한다. 우리는 이 장면에서 도마가 주님을 보자마자 의심을 멈추고 확신에 찬 믿음을 고백한 것으로 느낀다.

그러나 카라바조의 그림을 보면, 도마의 이마에 의심의 주름이 깊게 나 있다. 심지어 주위의 다른 제자들까지도 의심하는 표정을 짓고 있다. 예수님의 자세와 표정은 더욱 기이하다. 의심을 버리고 굳게 믿으라고 외치시는 모습이 전혀 아니다.

예수님은 의심을 덮고 무조건 믿으면 보이리라고 말씀하지 않는다. 예수님은 의심을 책망하시는 것이 아니라 도마의 연약함을 동정하시고, 도마의 믿음을 확증하여 주신다. 도마의 감정을 공감하시고 친절하게 상처를 열어 주신다. *Amen*

228

카라바조, 〈엠마오의 만찬〉, 1600, 캔버스에 유채, 139×159cm, 영국 런던 내셔널 갤러리

미켈란젤로 메리시 다 카라바조 Michelangelo Merisi da Caravaggio, 1571~1610

화가의 본명은 '미켈란젤로 메리시'인데, 이미 미술사에서 동명의 위대한 거장이 있었기에 자신이 태어난 동네 이름인 카라바조로 불리길 원했다. 술과 폭력으로 감옥을 드나들며 살인까지 저지르고 도망다니다 서른아홉의 나이에 요절했다. 불안정하고 짧은 삶에서 미술사에 끼친 어마무시한 영향은 불가사의하다. 그는 화면 전체를 어둡게 하고 그림의 핵심만 밝게 비춰 감동을 극대화시키는 부분조명 기법인 키아로스쿠로의 창시자로 유명하다. 예수님께서 부활하신 이후 첫 만찬의 장면을 그린 〈엠마오의 만찬〉에서 카라바조만의 뛰어난 명암 사용을 엿볼 수 있다. 그 역시 많은 종교화를 남겼는데, 파격적인 해석력으로 그림을 주문한 교회로부터 인수를 거절당하는 등 수많은 우여곡절을 겪어야만 했다.

예수님의 승천

사도와 함께 모이사 그들에게 분부하여 이르시되 예루살렘을 떠나지 말고 내게서 들은 바 아버지께서 약속하신 것을 기다리라 요한은 물로 세례를 베풀었으나 너희는 몇 날이 못되어 성령으로 세례를 받으리라 하셨느니라 그들이 모였을 때에 예수께 여쭈어 이르되 주께서 이스라 엘 나라를 회복하심이 이 때니이까 하니 이르시되 때와 시기는 아버지 께서 자기의 권한에 두셨으니 너희가 알 바 아니요 오직 성령이 너희에 게 임하시면 너희가 권능을 받고 예루살렘과 온 유대와 사마리아와 땅 끝까지 이르러 내 증인이 되리라 하시니라 이 말씀을 마치시고 그들이 보는데 올려져 가시니 구름이 그를 가리어 보이지 않게 하더라 올라가 실 때에 제자들이 자세히 하늘을 쳐다보고 있는데 흰 옷 입은 두 사람 이 그들 곁에 서서 이르되 갈릴리 사람들아 어찌하여 서서 하늘을 쳐다 보느냐 너희 가운데서 하늘로 올려지신 이 예수는 하늘로 가심을 본 그 대로 오시리라 하였느니라.

[사도행전 1:4-11]

가로팔로, 〈예수님의 승천〉, 1510~20, 패널에 유채, 314×204.5cm, 이탈리아 로마 국립미술관

예수님이 수많은 제자들 앞에서 하늘로 올라가신다. 이 장면은 성경에서 마가복음(16:19)과 누가복음(24:50-51)과 사도행전(1:6-11)에서 짧게 언급하고 있다. 이 세 성경 구절을 조합하면 다음과 같이 된다. "예수님이 제자들을 데리고 베다니까지 가셔서 손을 들어 축복하시고 하늘로 들려 올라가 하나님 오른쪽에 앉으셨다."

예수님은 부활 후 40일간 사역하시고 많은 제자들이 바라보는 앞에서 하늘로 올라가셨다. 주님이 부활하시어 오백여 명과 함께 하셨지만, 제자들의 두려움은 사라지지 않았다.

제자들은, 예수님이 자신들을 지상에 두고 떠나가시는 것을 두려워했던 것이다. 하지만, 제자들은 예수님이 하늘로 올라가시는 것이 자신들을 버리고 가시는 게 결코 아님을 깨달았다. 예수님이 하늘로 올라가신 이후에 보혜사 성령을 내려 보내심으로써, 제자들을 비롯한 우리 모두와 영원히 함께 하신다(요한 16:7-8)는 확신을 갖게 하신 사건이 바로 예수님의 승천이다.

제자들은 예수님이 하늘로 올라가시는 장면을 바로 눈앞에서 지켜보면서 새로운 희망을 품게 되었다. 또 어떠한 고난도 극복할 수 있는 용기와 힘을 얻었다.

서양미술사에 등장하는 수많은 화가들이 '예수님의 승천'을 그렸다. 화가들마다 해석과 표현이 독창적이다. (왼쪽부터 틴토레토, 렘브란트, 만테냐가 그린 승천 작품)

그들은 서로 합심하여 기도하며 예수님이 말씀하신 성령을 맞이했다. 그리고 순교도 불사하며 복음을 전했다. 이제 우리는, 가시는 모습 그대로 다시 오시는 주님을 만날 것이다. *Amen*

가로팔로 Benvenuto Tisi Garofalo, 1481~1559

본명은 벤베누토 티시, '가로팔로'는 화가의 별명으로 카네이션 꽃을 뜻한다. 이탈리아 페라라에서 태어나 이 지역의 많은 교회에 성화를 남겼다. 라파엘로의 영향을 받아 화려한 색채로 성경과 신화의 장면을 주로 그렸는데, 화폭이 작은 그림에서 대작에 이르기까지 다양한 크기로 작품을 제작했다. 또 프레스코에서부터 템페라와 유화 등 여러 재료를 통해 연구와 시도를 거듭하며 르네상스 미술을 꽃피우는 데 밑거름을 마련했다.

성령강림

오순절 날이 이미 이르매 그들이 다같이 한 곳에 모였더니 홀연히 하늘로부터 급하고 강한 바람 같은 소리가 있어 그들이 앉은 온 집에 가득하며 마치 불의 혀처럼 갈라지는 것들이 그들에게 보여 각 사람 위에 하나씩 임하여 있더니 그들이 다 성령의 충만함을 받고 성령이 말하게 하심을 따라 다른 언어들로 말하기를 시작하니라.

[사도행전 2:1-4]

조셉 이그나츠 밀도르퍼, 〈성령강림〉, 1750, 캔버스에 유채, 55×33cm, 헝가리 부다페스트 국립미술관

서양미술사에 등장하는 여러 화가들이 마가의 다락방에 모여 있던 예수님의 제자들에게 성령이 내려온 장면(사도행전 2장)을 그렸다. 그 가운데 오스트리아의 화가 조셉 이그나즈 밀도르퍼가 그린 〈성령강림〉은 성경의 기록에 충실한 작품으로, 그림 그 자체가 성경 말씀이다. 성경을 읽고 이 그림을 묵상하면 당시 제자들의 벅찬 감동을 그대로 느낄 수 있다. 밀도르퍼는 사도행전에 나오는 바람과 비둘기와 불의 혀를 모두 그대로 묘사했다. 제자들은 놀라면서도 하늘을 향해 경배하며 기뻐한다.

성령이 내려와 다락방에 모여 있는 제자들에게 임하자, 제자들은 제각각 그들이 배운 적이 없는 여러 나라 방언으로 말하기 시작했고, 이를 들은 사람들이 크게 놀랐다. 이 때 베드로가 나서서, 이는 바로 요엘 선지자의 예언(요엘 2:28-29)이 이루어진 것이라고 설명했다.

아울러 주 예수 그리스도의 이름으로 세례를 받고 지은 죄를 용서 받으면 구원을 얻으리라고 설파했다. 이에 사람들이 몰려와 그날 세례를 받은 사람이 무려 삼천 명이나 되었다. 이렇게 성령을 받은 제자들은 죽음을 두려워하지 않고 예수님의 말씀을 땅 끝까지 전하여 지금의 기독교를 이루었다. *Amen*

밀도르퍼가 성령강림을 성경에 충실하게 그렸다면, 다른 화가들은 비둘기로부터 내려오는 하얀 빛의 성령과 불꽃 모양의 혀, 제자들의 감동에 찬 모습을 자신들만의 시각으로 묘사했다.(왼쪽부터 티치아노와 엘 그레코의 성령강림 작품)

"그 후에 내가 내 영을 만민에게 부어 주리니 너희 자녀들이 장래 일을 말할 것이며 너희 늙은이는 꿈을 꾸며 너희 젊은이는 이상을 볼 것이며, 그 때에 내가 또 내 영을 남종과 여종에게 부어 줄 것이며."

[요엘 2:28~29]

조셉 이그나즈 밀도르퍼 Joseph Ignaz Mildorfer, 1719~1775

오스트리아의 화가 집안에서 태어나 비엔나 미술학교에서 공부했다. 어려서부터 예술가적 기량이 뛰어나 서른두 살의 젊은 나이에 비엔나 미술아카데미의 교수가 되었다. 신화와 종교를 주제로 작품 활동에 매진했던 그는, 젊어서는 바로크풍의 회화를 그리다가 경륜이 쌓이면서 점차 로코코풍으로 돌아섰다. 그의 명성은 생전에 오스트리아를 넘어 보헤미아와 헝가리 등 동유럽 전역에까지 퍼졌다.

명화로 여는 성경

초판 1쇄 발행 | 2017년 4월 20일
초판 2쇄 발행 | 2019년 12월 31일(리커버링 에디션)

지은이 | 전창림
펴낸이 | 이원범
편집 진행 | 김은숙
마케팅 | 안오영
표지 · 본문 디자인 | 강선욱

펴낸곳 | 어바웃어북 about a book
출판등록 | 2010년 12월 24일 제2010-000377호
주소 | 서울시 강서구 마곡중앙로 161-8(마곡동, 두산더랜드파크) C동 1002호
전화 | (편집팀) 070-4232-6071 (영업팀) 070-4233-6070
팩스 | 02-335-6078
ISBN | 979-11-87150-20-6 03230

길 위에서 만난 여행 같은 그림들
여행자의 미술관

한국출판문화산업진흥원 선정 '이 달의 읽을 만한 책'

도쿄의 간다는 고서(古書), 신서(新書), 외서(外書)의 책가도(冊架圖)이다. 거리를 꽉 메운 책방은 저마다의 모습을 지니고 있어 원하는 책이 어디쯤 있을지 비교적 쉽게 가늠이 된다. 간다의 아침은 책방 뒤쪽 구석구석 자리 잡은 앙증맞은 카페들의 불빛과 함께 시작된다. 일찌거니 나와 앉아 신문을 보고 커피를 마시는 손님들은 대개 나이가 지긋하다. 느긋한 그들은 책방이 문을 여는 순간 블랙홀로 빨려들듯 그곳으로 흡수된다. 책방은 금세 문전성시. 출판 일로 일본 출장이 잦았던 시절 종종 마주치던 풍경이다. 책 만드는 나는 늘 부러웠고, 늘 가슴이 뭉클했다.

『여행자의 미술관』은 내가 간다에서 느꼈던 그 뭉클함, 곧 본 것을 넘어 느끼고 기억하는 것을 담은 책이다. 그림을 해설하는 책이 아니라 바람처럼 떠도는 여행자가 길 위에

| 박준 지음 | 15,000원 |

서 만나는 그림을 이야기하는 책이다. 그 길은 실로 넓고 길게 펼쳐진다. 파리, 런던, 뉴욕이야 말할 것도 없고, 그의 시선은 예루살렘, 모로코, 잠비아, 쿠바, 인도, 베트남, 일본으로, 그리고 우리 주변의 일상 속으로 끝없이 이어진다.

이 짧은 서평을 시작하면서 문득 일본의 책방 거리를 떠올린 건, 이 책에 담긴 일본 미술관들의 익숙한 듯 아닌 듯한 다양한 표정에 마음이 끌려서인 것 같다. 가나자와의 21세기 미술관, 나오시마의 지추미술관과 아이러브유 목욕탕, 아오모리 현립미술관, 나가사키 현립미술관, 구라시키의 오하라미술관과 아이비스퀘어, 삿포로의 모레에누마 공원이 빤히 건너다보이는 곳에서 어서 와 보라고 손짓을 한다.

_ 강옥순(한국고전번역원 책임연구원)